ES,-

W0058579

Fanny Lewald

dargestellt von Gabriele Schneider

Rowohlt

rowohlts monographien begründet von Kurt Kusenberg
herausgegeben von Wolfgang Müller und Uwe Naumann

Redaktionsassistenz: Katrin Finkemeier
Umschlaggestaltung: Walter Hellmann
Vorderseite: Fanny Lewald. Zeichnung von Heinrich Lehmann, 1848
(Mercedes Gurlitt, München)
Rückseite: Erste Seite der Schrift «Die Frauen und
das allgemeine Wahlrecht» von Fanny Lewald.
Westermann's Illustrierte Deutsche Monatshefte, XXVIII. 163,
2. Folge, Bd. XII, 67, April 1870
(Universitätsbibliothek Düsseldorf)
Frontispiz: Fanny Lewald

Originalausgabe
Veröffentlicht im Rowohlt Taschenbuch Verlag GmbH,
Reinbek bei Hamburg, Oktober 1996
Copyright © 1996 by Rowohlt Taschenbuch Verlag GmbH,
Reinbek bei Hamburg
Alle Rechte an dieser Ausgabe vorbehalten
Satz Times PostScript Linotype Library, QuarkXPress 3.31
Gesamtherstellung Clausen & Bosse, Leck
Printed in Germany
1290-ISBN 3 499 50553 3

Inhalt

Fanny Lewald. Zeichnung von Marie Meyer

Indiskret?
Zur Bedeutung nachgelassener Schriften für die Rezeption Fanny Lewalds

> Was bildet den Menschen,
> als seine Lebensgeschichte?
> *(Heinrich Simon)*

> Was bildet den Menschen als Liebe,
> die ihm Glauben gibt an sich selber
> und an die Menschheit?
> *(Adolf Stahr)*

Ich schreibe nur, wenn ich positiv etwas zu sagen habe und bitte jeden, auch Sie von Herzen, jeden Brief, den Sie von mir erhalten, sofort zu vernichten, wenn Sie ihn gelesen haben. Dies ist eine Notwehr gegen die Indiskretion der Zukunft, über die ich beruhigt sein muß, wenn ich im schriftlichen Verkehr die ganze Wahrheit sagen soll.[1]

Diesem Wunsch nach Diskretion – eine bei vielen ihrer Zeitgenossen zu beobachtende Überängstlichkeit und Koketterie hinsichtlich der Veröffentlichung privater Papiere – wurde nach dem Tod Fanny Lewalds am 5. August 1889 nicht entsprochen. Etwa ein Jahrzehnt später setzt mit der Publikation der *Lebenserinnerungen von Fanny Lewald. Neues Leben, Neues Lieben. Das Buch Adolf* (1897), einer ihrem Mann Adolf Stahr 1865 als Weihnachtsgeschenk zugedachten Erinnerung an ihren «römischen Liebesfrühling» von 1845/46, die Beschäftigung mit ihrem Leben, Fühlen und Denken ein; 1900 erscheint ihr Tagebuch *Gefühltes und Gedachtes*, 1927 das *Römische Tagebuch*,[2] gleichzeitig werden erste Ausgaben von Briefen aus dem eigenen Nachlaß und dem von Freunden und Wegbegleitern wie den Schriftstellern Hermann Hettner und Paul Heyse, dem Musiker Franz Liszt, dem Politiker Ferdinand Lassalle und dem Großherzog Carl Alexander von Sachsen-Weimar-Eisenach veröffentlicht.[3] Die Erinnerung an eine der «Lieblingsschriftstellerinnen unserer Ur-Urgroßmütter»[4] wird wachgehalten mit diesen «Indiskretionen», mit Würdigungen anläßlich des einhundertsten Geburtstags «der eminent vielseitigen Frau»[5] – immerhin umfaßt ihr Werk 26 Romane, 43 Novellen, 36 autobiographische Schriften und vierzig Feuilletons – und des «wesentlichen Dienst[es], den sie der Frauenbewegung geleistet hat»[6], mit wissenschaftlichen Untersuchungen ihres Verhältnisses zur sozialen Frage[7] oder zu ihrem «Vorbild» George Sand[8] und mit Neuauflagen ihrer Romane *Die Familie Darner* (1925) und *Prinz Louis Ferdinand* (1929).

Von jeher ist die Lewald-Rezeption geprägt von Widersprüchen und Vor-Urteilen. Galt die Autorin ihren Zeitgenossen einst als eine der größten Schriftstellerinnen ihres Jahrhunderts und in der Symbiose mit ihrem Mann Adolf Stahr als «zweigeschlechtiges Tintentier»[9], so stand die Rezeption im 20. Jahrhundert unter wechselnden Aspekten und Vorzeichen. Im Jahr 1925, zu einer Zeit aufflammenden Nationalgefühls, würdigt Heinrich Spiero in seinem Vorwort *Die Familie Darner* – ein Roman, in dem Fanny Lewald ihrer Königsberger Heimat ein Denkmal setzt und als lebenslange Verfechterin nationaler Einigung die Bedeutung des «Vaterlandes» betont – als einen «geschichtlichen Heimatroman»[10]. Fast zur selben Zeit gibt Marta Weber in ihrer Untersuchung antisemitische Kommentare über die Jüdin Fanny Lewald ab, kritisiert «ihre ganze Sophistik und jüdische Rhetorik» und verurteilt im Blick auf Fanny Lewalds literarischen Zirkel «dies jüdische Cliquenwesen».[11] Ab Mitte der dreißiger Jahre wird es still um Fanny Lewald. Diese Phase der Nichtbeachtung ist zunächst bedingt von literaturextensiven Bedingungen, doch nach Kriegsende, in den fünfziger und frühen sechziger Jahren, ist sie Ausdruck eines eher unpolitischen, ästhetisch-formalen Literaturverständnisses, das «Tendenz» und Parteilichkeit, wofür insbesondere die frühen Schriften Fanny Lewalds gelten, als «unkünstlerisch» verurteilt; die Autorin gerät ins Abseits der trivialen «Frauenromane». Erst Ende der sechziger Jahre erscheinen Neuauflagen: *Jenny* (1967) und *Erinnerungen aus dem Jahre 1848* (1969). Nicht von ungefähr sind es gerade ihre Revolutionserinnerungen und ihr Plädoyer für die Toleranz gegenüber den unterprivilegierten Juden in Preußen, für die man sich mit der Hinwendung zur sozialkritischen Literatur nach 1968 interessiert. Seit den siebziger Jahren schließlich beruft man sich auf sie als eine Vorläuferin der bürgerlichen Frauenbewegung, da sie mit ihrer *Lebensgeschichte* (1861/62) und ihren Schriften zur Frauenfrage wie den *Osterbriefen für die Frauen* (1863) und *Für und wider die Frauen* (1870) wichtige Emanzipationsansätze lieferte.

Stets fiel es schwer, Kategorien zu finden für die Autorin und ihr umfangreiches Werk. Die den heutigen Leser frappierenden Widersprüche ihres Denkens und Handelns, ihr Schwanken zwischen Anlehnung und Auflehnung ließen sich nicht immer nachvollziehen und in einem harmonischen Bild vereinigen.

Der Einblick in den nicht edierten Nachlaß und die in jüngster Zeit veröffentlichten Privatbriefe der Autorin, insbesondere der über dreißigjährige Briefwechsel mit dem liberalen jüdischen Politiker Johann Jacoby aus Königsberg, stellen keine «Indiskretionen» dar, sondern tragen zur Abrundung des Eindrucks ihrer Persönlichkeit bei, sie geben Auskunft über ihre künstlerischen, literarischen und politischen Ansichten und zerstören endgültig das Klischee von der «Trivialautorin». Doch die Betonung ihrer Persönlichkeit und der rein pragmatischen Funktion ihrer Schriften wird ihrem bedeutenden Erzähltalent nicht gerecht. Die reine Lust am «Fabulieren» in Novellen und Märchen und die Lebensfreude, die dem heutigen Leser durch das kürzlich neu edierte *Italienische Bilderbuch* vermittelt wird, gehören zu Fanny Lewald wie ihr Konzept einer lebensnahen Prosa, des «Romans des Lebens», das ihren Zeitromanen vielfach heute noch beklemmende Aktualität verleiht. Der von der liberalen Bürgerlichen in *Der dritte Stand* (1845) geforderte «Solidarpakt» der Besitzenden und der Besitzlosen – *Wenn ich im Winter recht behaglich in meinem Zimmer bin, sagte Eduard, und durch die Scheiben blickt so ein kummervolles, blasses Frauengesicht, oder ein Mann, dem das Elend aus allen Zügen spricht, so frage ich mich immer: warum kommt er nicht herein und nimmt mir den warmen Rock, da ich mehrere habe und ihm keinen davon gebe, obgleich ihn friert* [12] – ist noch nicht verwirklicht; die in Deutschland lebenden Ausländer haben keine staatsbürgerlichen Rechte, sie sind ebensowenig integriert wie die Juden in Lewalds Roman *Jenny* (1843). Noch heute müssen Juden wie die Romanfiguren damals betonen, daß sie «Deutsche jüdischer Konfession» sind; die Asylbewerber von heute begegnen einem ähnlichen staatlichen und gesellschaftlichen Mißtrauen wie Häusler und Angehörige des Landproletariats in Lewalds Erzählung *Kein Haus* (entstanden 1853): *Er kann sich doch nicht Kind und Kegel so mir Nichts, dir Nichts zulegen. Von oben Nichts wie Nasen über die Landarmenpflege, hier das Gebettel, dann hat man danach das Pack auf dem Halse.* [13] Immer noch werden Arbeitskräfte ausgebeutet wie das Dienstmädchen Katharina in *Das Mädchen von Hela* (1859) und vor allem ungelernte weibliche Arbeitskräfte im Arbeitsprozeß benachteiligt.

Lewalds weibliche Charaktere aus dem Volk erinnern in ihrer plastischen Gestaltung an Figuren aus den bürgerlichen Dramen Friedrich Hebbels, eines Zeitgenossen Lewalds, der im Gegensatz zu ihr mit Werken wie «Maria Magdalena» im literarischen Kanon fest etabliert ist. – Diese Benachteiligung erscheint ungerechtfertigt; Lewald ist eine Meisterin ihres Fachs, des psychologischen Romans. Mit hohem Einfühlungsvermögen versetzt sie sich in die Psyche ihrer Protagonisten und empfindet deren Außenseiterrolle nach, denn auch sie ist eine Außenseiterin der bürgerlichen Gesellschaft des 19. Jahrhunderts, eine doppelte sogar: als Frau und Jüdin zugleich.

Kindheit und Jugend in Königsberg

«Im Vaterhause»

Dank ihrer Autobiographie *Meine Lebensgeschichte* – ein sozialhistorisch interessantes Dokument bürgerlichen Alltagslebens im Preußen des 19. Jahrhunderts – sind im Gegensatz zu ihrer entfernten Verwandten Rahel Varnhagen Kindheit, Jugend, Bildungsgang und Familiengeschichte der Fanny (Mathilde Auguste) Marcus, später Lewald, überliefert, auch wenn ihre Selbstdarstellung das Ziel erkennen läßt, die «Geschichte einer Emanzipation»[14] zu schreiben.

Ich bin am 24. März des Jahres 1811 zu Königsberg in Preußen geboren, und stamme von väterlicher und mütterlicher Seite aus jüdischen Familien.[15] Schon in ihrer Einleitung betont die Autorin also die Zugehörigkeit zu einer sozialen Minderheit. Der Vater David Marcus (er nimmt 1831 im Zuge der Assimilation wie zuvor seine Brüder den Namen Lewald an) und seine Frau Zipora, geb. Assur, waren sehr glücklich über die Geburt ihres ersten Kindes an einem Sonntagmorgen in ihrem Haus in der Königsberger Vorstadt. *Ich soll sehr klein gewesen sein, dafür aber den ganzen Kopf voll krauser schwarzer Locken gehabt haben, als man mich meinem Vater brachte. «Ich habe mich sehr mit Dir gefreut!» sagte er mir einmal, als ich ein junges Mädchen war und in meiner Gegenwart die Rede auf meine Geburt kam; und noch in viel späteren Jahren pflegte er wohl gelegentlich meinen Kopf in seine Hände zu nehmen, und wenn er mich küßte, dazu sehr zärtlich: «mein ältestes Kind!» zu sagen. Wir haben einander sehr geliebt.*[16] Die liebevolle Atmosphäre im Elternhaus ist geprägt durch die vorbildliche Ehe der Eltern, die vor ihrer Liebesheirat erhebliche Widerstände auszuräumen hatten. Erst durch Intervention der Gemahlin des preußischen Kanzlers von Schlötterer erhielten sie die Genehmigung, sich in Königsberg niederzulassen. Das Verbot, sich in einer Stadt ihrer Wahl anzusiedeln, war eine von unzähligen Einschränkungen und Diskriminierungen, von der eingeschränkten Berufswahl bis hin zur Verfolgung, die die Juden von ihren christlichen Mitbürgern auch nach dem Judenedikt von 1812, demzufolge sie als «im allgemeinen gleichberechtigte Staatsbürger»[17] galten, hinzunehmen hatten. Nur jeweils ein Kind einer

Königsberg. Kupferstich, um 1790

jüdischen Familie erhielt das Anrecht, sich in Preußen niederzulassen, und in beiden Familien war dieses Recht, ohne welches eine Heirat unmöglich war, bereits vergeben. Aus dem jahrelangen Kampf entstand bei beiden Eltern eine heftige Abneigung gegen die Zugehörigkeit zum Judentum und den mit ihm verbundenen sozialen Hemmnissen, auch eine Indifferenz gegenüber den religiösen Traditionen, die in beiden Familien noch in unterschiedlichem Maße gepflegt worden waren. Die Familie Marcus war seit vier Generationen in Königsberg ansässig. Als ältester Ahne gilt der Flußschiffer David Wehle, der in der ersten Hälfte des 18. Jahrhunderts zwischen seinem Wohnort Wehlau (daher der Name) und Königsberg Waren transportierte. Sein Urenkel, Fannys Großvater, Marcus Wehle oder Levin Marcus, war ein aufgeklärter, gebildeter und zunächst wohlhabender Mann, der jedoch sein Vermögen durch Spekulation verlor. Die sieben Kinder, vier Söhne – David war der dritte – und drei Töchter, wurden vom Vater zu Hause unterrichtet. Wenngleich die Söhne noch Hebräisch lernten, herrschte in allen religiösen Dingen *die größte Freiheit*[18]. Die Familie Assur dagegen hielt *fest an dem Glauben und an den Sitten des Judentums*[19]. Im Haushalt der reichen, orthodoxen Familie, die aus Kurland und Posen nach Königsberg gezogen war, dort ein Handelshaus besaß und gesellschaftlich geachtet war – Fanny betont, daß selbst Immanuel Kant den Großvater bei seiner täglichen Promenade gegrüßt

11

Immanuel Kant. Zeichnung von
Veit Hans Schnorr von Carolsfeld,
Königsberg 1760

habe –, wuchsen elf Kinder auf, deren jüngstes Zipora war. Einer ihrer
Brüder, der Mediziner David Assing, konvertierte und heiratete Rosa
Marie, die Schwester Karl August Varnhagens.

Als die Tochter Fanny geboren wird, betreibt David Marcus mit seinem Bruder Beer ein florierendes Bank- und Speditionsgeschäft, das
ihm zusammen mit dem Vermögen seiner Frau zunächst ein gutes Aus-
kommen sichert. Die finanziellen Verhältnisse schwanken in der Folge-
zeit; nach dem Brand von Königsberg am 14. Juni 1811 steht die junge
Familie vor dem Ruin – die Police der Feuerversicherung war noch nicht
bezahlt worden. Doch bereits drei Jahre später sind Speditions- und
Bankgeschäft der Brüder wieder saniert. 1820 führen eine Handelskrise
und Zusammenbrüche russischer Geschäftspartner erneut zum Bankrott. Umzüge und wechselnde Wohnungen in der Vorstadt und dem Königsberger Kneiphof (1814–1820 Brodbänkenstraße 14, ab 1822 Lang-
gasse/Ecke Kaistraße), Wohlstand und Knappheit, Geselligkeit und
Zurückgezogenheit sind unmittelbarer Ausdruck der wirtschaftlichen
Lage des Kaufmanns David Marcus (Lewald), der 1835 als erster Jude im
Königsberger Magistrat zum Stadtrat gewählt wird. Zuletzt führt er ein
großes Weingeschäft, dessen Verkauf nach seinem Tod 1846 den Töch-
tern eine finanzielle Grundversorgung sichert.

Die 60000 Einwohner der preußischen Hafenstadt Königsberg, der
zentrale Bedeutung im Handel zwischen Ost und West zukommt, erleben

Die Kneiphöfische Langgasse in Königsberg. Daguerreotypie, 1859

1812 den Durchzug des 300000 Mann starken napoleonischen Heeres (eine ungeheure Last für die Stadt, in der die regelmäßige Verpflegung zeitweise zusammenbricht), französische und später russische Besetzung und die Einquartierung von bis zu 30000 Soldaten, eine einschneidende Handelskrise als Folge der Kontinentalsperre und 1830/31 die Auswirkungen der polnischen Revolution. Trotz oder gerade wegen dieser Wechselfälle der politischen und wirtschaftlichen Verhältnisse bleibt die familiäre Harmonie erhalten. Neun Geschwister, von denen sieben überleben, kommen in den vierzehn Jahren nach Fannys Geburt zur Welt: Otto (1813), später ein prominenter Anwalt, Moritz (1815), Clara (1816),

13

Fanny Lewald mit zwei
kleinen Geschwistern.
Daguerreotypie

Heinrich (1818–1820), ein weiterer Bruder (1820, stirbt nach wenigen
Tagen), Minna (1821), Elisabeth (1822), Marie (1824) und Henriette
(1825). Zu den ältesten Geschwistern, besonders zu den beiden Brüdern
Otto und Moritz, entwickelt Fanny eine sehr enge Beziehung: *Diese beiden Brüder waren meine eigentlichen Lebensgenossen durch meine ganze
Jugend. Mit ihnen habe ich gespielt, mit ihnen gelernt, mit und an ihnen die
ersten Erfahrungen des Lebens gemacht.*[20] Die vielen Schwangerschaften
lassen die Mutter früh kränkeln; Fanny wird bereits im Alter von neun
Jahren in die Rolle der miterziehenden älteren Schwester gedrängt, ihre
unbeschwerte Kindheit endet dadurch vorzeitig. Das Verhältnis zu den
fünf jüngeren Schwestern wird in späterer Zeit durch schwere Konflikte
und Neid auf die prominente Schwester getrübt, dennoch bleibt Fanny ihnen zeitlebens verbunden: Marie und Henriette haben zeitweise eine
Wohnung im selben Berliner Mietshaus, Elisabeth und ihre Familie (sie
heiratet den Landschaftsmaler Louis Gurlitt) halten engen Kontakt zu

Die Familie Gurlitt, fotografiert anläßlich der Silberhochzeit von Elisabeth und
Louis Gurlitt, 1872. Vor den am Tisch sitzenden Eltern links Fanny Lewalds
Patentochter Else

Die Schwestern Elisabeth und Marie Lewald

ihr und wählen Fanny, die von Neffen und Nichten verehrt wird, zur Patin ihrer Tochter Else. Auftreten und Gebaren der älteren Schwester gibt Fanny, wie Familienbriefe belegen, bis ins hohe Alter nicht auf. Über ihre Kindheit urteilt sie rückblickend: *Wir lebten in einer Atmosphäre der Liebe und der Eintracht.*[21] Die Gefühlsbindung der Kinder an den Vater ist stark, er spielt einerseits unbekümmert mit seinen Kindern, ist andererseits aber als Vorstand einer noch intakten Lebens- und Arbeitsgemeinschaft des «ganzen Hauses» – er betreibt seine Geschäfte im Haus, Angestellte und Bedienstete nehmen am familiären Leben teil – der uneingeschränkte Patriarch. In der Erziehung seiner Kinder legt er äußersten Wert auf pedantische Ordnung und absoluten Gehorsam. Auf der anderen Seite leitet er sie jedoch zur bewußten Wahrnehmung und Selbständigkeit an und schafft so unabsichtlich die Basis für unterdrückte, nicht ausgetragene familiäre Konflikte. In ihrer Absicht, den eigenen Werdegang als zwangsläufig erscheinen zu lassen, hebt Fanny in ihrer *Lebensgeschichte* die Geradlinigkeit der eigenen Entwicklung hervor: Betont werden Forscherdrang, Neugier und Wissensdurst, eine lebhafte, zuweilen selbstquälerische Phantasie, die die Sechsjährige Gestalten und Bilder vor dem Einschlafen sehen läßt, die sie zu Tränen ängstigen – eine «Unart», die der Vater oft mit Schlägen zu disziplinieren sucht. Überhaupt rückt er unerbittlich jeder Äußerung weiblicher Schwäche, wie Tränen und Angst vor Spinnen, mit Abhärtungsversuchen zu Leibe. Mit dem Eintritt in die Ulrichsche Privatschule am 1. April 1817 beginnt ein besonders glücklicher Lebensabschnitt für Fanny, in dem sie soziale Kompetenz außerhalb der primären Sozialisationsgruppe der Familie erwirbt. Hierin liegt ein wesentlicher Grund ihres späteren Plädoyers für den damals keineswegs üblichen Schulbesuch von Mädchen: *Ich gehe [...] soweit zu behaupten, daß diejenigen Eltern, die Gelegenheit haben, ihre Töchter in eine gute Schule zu schicken, und es nicht thun, ein Unrecht an ihnen begehen, denn sie berauben sie des größten Reizes der Kindheit [...]. Welcher Reiz liegt an dem gemeinschaftlichen Lernen, wie fördert der Wetteifer [...]. Die Träumende, die Verschlossene wird erweckt, die zu Lebhafte und Vorlaute in ihre Schranken zurückgewiesen – alle werden im Denken geübt. Das Kind lernt früh sich als ein Glied des Ganzen betrachten, weil es hier in Gemeinschaft wirkt, wie später in der Welt.*[22] Im Wettstreit mit ihren Schulkameraden, unter ihnen Eduard Simson, der spätere Jurist, liberale Politiker, Präsident der Nationalversammlung von 1848 und Präsident des norddeutschen Reichstages (1867–1874), folgt sie dem *Unterricht im Lesen, Schreiben, Rechnen, Religion, Geographie, Geschichte, in der deutschen und in der französischen Sprache*[23]. Retrospektiv betont Fanny Lewald ihren Fleiß und Lerneifer, ihr ausgeprägtes Selbstbewußtsein angesichts der eigenen Anlagen und Talente, die die schlummernde, sich erst spät entfaltende dichterische Begabung nahelegen. Eine Nacherzählung bringt der zwölfjährigen Schülerin folgende

Beurteilung ein: «*Obschon durch Unachtsamkeit zehn Fehler in dem Aufsatze sind, ist er dem Inhalte nach sehr gut. Die Phantasie der Verfasserin, diese ebenso schöne als gefährliche Gottesgabe, kann ihr einst ebensoviel Freude und Glück gewähren als Schaden, wenn sie dieselbe nicht stets unter dem strengsten Zügel der Vernunft und Sittlichkeit hält.*»[24] Fannys Leselust – Poesie, Balladen, Märchen, deutsche Volksmärchen und Erzählungen aus «Tausendundeiner Nacht» – wird vom Vater gefördert und unterstützt. Er wählt ihre Lektüre aus und führt die Tochter, sobald sie lesen kann, ins Theater. Der Elfjährigen gibt er die Dramen Schillers und Goethes – «Goetz», «Egmont», «Iphigenie», «Tasso» – zu lesen, nicht jedoch Romane, die von aufklärerischen Pädagogen als verwerflich eingestuft wurden. Die «Realien», Fächer wie Geschichte, Geographie und Rechnen, rangieren unter Fannys Vorlieben weit vor den als typisch weiblich geltenden Beschäftigungsfeldern. Vor allem der Musik- und Klavierunterricht, den sie ab 1818 erhält, ist ihr bald verhaßt und gerät zur Farce: *Langweiligere Stunden als diesen Musikunterricht habe ich nie ausgestanden. […] ich war unlustig, mein Lehrer schläfrig, ich orgelte und dudelte gleichgültig meine Tonleitern und Etüden herunter, mein Lehrer nickte bisweilen dabei ein […]. Ich dankte immer Gott, wenn er seine Marke in der Tasche und ich meine Stunde beendigt hatte.*[25]

Der neidvolle Blick auf die Erziehung der Jungen führt ihr die Benachteiligung der Frau vor Augen: *[…] ich beneidete es schon lange allen Knaben, daß sie Knaben waren und studieren konnten, und ich hatte eine Art von Geringschätzung gegen die Frauen. So töricht das an einem Kinde von neun Jahren erscheinen mag, und so unberechtigt es in meinem besonderen Falle war, lag doch der Ursprung zu diesen Gedanken nicht in mir selbst. Von jeher hatten Freunde, wenn sie meine Fähigkeiten lobten, mit einer Art von Bedauern hinzugefügt:* «wie schade, daß das kein Junge ist.» *– Ich hatte also die Idee gefaßt, daß die Knaben etwas Besseres wären als die Mädchen und daß ich selbst mehr und besser sein müsse, als die anderen Mädchen.*[26] Ein Schlüsselerlebnis stellt die Bemerkung bei einer Schulprüfung dar: «*Nu! Dein Kopf hätt' aber auch besser auf 'nem Jungen gesessen!*» *[…]* «*Wenn Du aber nun'n mal eine brave Frau wirst, so ist's auch gut!*»[27]

Eine weitere elementare Erfahrung des Andersseins vermitteln ihr die Judenverfolgungen des Jahres 1819, die sogenannten Hep-Hep-Unruhen, von Franken ausgehende, in zahlreichen deutschen Städten gegen Juden gerichtete Krawalle. Ihr Auslöser ist in der wirtschaftlichen Misere und nationalen Enttäuschung nach den napoleonischen Kriegen und dem Wiener Kongreß zu sehen, unmittelbar veranlaßt wurden sie durch die Petition eines jüdischen Würzburger Bankiers an den bayerischen Landtag um Gewährung voller Gleichberechtigung. *Wo sich in jener Zeit einzelne Juden oder jüdische Familien sehen ließen, rief man ihnen spottend in den Straßen nach. Gerüchte von Feindseligkeiten, welche in Süd-*

deutschland gegen die Juden verübt worden waren, zirkulierten, wohin ich in der Familie kam, und wenn die Eltern sich auch hüteten, uns zu Hause etwas davon hören zu lassen, so sprach man bei den Tanten und Onkeln um so mehr und um so besorgter davon. Ich vernahm es, wie man zu Frankfurt am Main und in Würzburg den Juden die Fenster eingeworfen und ihre Häuser geplündert haben sollte, wie angesehene Männer auf der Straße beschimpft und mißhandelt worden wären. [...] Von da ab hatte ich den vollständigen Begriff von der Unterdrückung der Juden, von der Ungerechtigkeit, welche man gegen sie begehe.[28] Das in der jüdischen Existenz bedingte Außenseitertum wird Fanny Lewald zur Absicht: *Auch das Bewußtsein der gebildeten Juden, aufgeklärter und besser zu sein als ihre Verfolger, hatte bereits angefangen, sich auf mich zu übertragen.*[29] Waren die Eltern auch bemüht gewesen, in ihrem Streben nach Assimilation – ein Kernpunkt der Judenemanzipation seit etwa 1770 und ihres für die Bildung seiner Glaubensgenossen eintretenden Leitbilds und Initiators Moses Mendelssohn – Fanny und ihre Geschwister glauben zu lassen, daß sie sich in nichts von anderen Kindern unterschieden, lernen diese doch durch orthodoxe jüdische Nachbarn die im Elternhause nicht praktizierten jüdischen Rituale, Zeremonien und deren Bedeutung kennen. Fanny erscheinen sie fortan *unheimlich und mystisch, anziehend und widerwärtig zugleich*[30]. – *Daß wir Juden wären, und daß es schlimm sei, ein Jude zu sein, darüber war ich aber mit fünf, sechs Jahren, noch ehe ich in die Schule gebracht wurde, vollkommen im Klaren. So hübsch wir in unseren seidenen Pelzchen auch angezogen waren, so erlebten wir es doch manchmal, daß ganz zerlumpte, schmutzige Kinder uns im Tone des Schimpfes: «Jud!» nachriefen.*[31] Spott und Ausgrenzung – sie wird von einigen christlichen Mitschülerinnen nicht eingeladen – hinterlassen einen tiefsitzenden Stachel in der Seele der kleinen Fanny. Unbewußt übernimmt sie jedoch aus der Grundstimmung in ihrem wenngleich assimilierten Elternhaus prägende kulturelle und soziale Werte des Judentums. Der starke familiäre Zusammenhalt, die patriarchalische Stellung des Vaters, die respektvolle Verehrung der Mutter und der Bildungswille verweisen ebenso auf diese Tradition wie die besondere Bedeutung traditionell jüdischer Tätigkeiten für die Figuren ihrer Romane, so die des Arztes (des zunächst einzigen den Juden zugänglichen akademischen Berufs) und des Kaufmanns, wie sie von Vater und Bruder ausgeübt werden. Auch wenn Fanny später für soziale Hilfstätigkeit, für Wohlfahrts- und Selbsthilfeeinrichtungen wie Krankenfürsorge und Handwerkervereine eintritt, so hat dies eine Wurzel im jüdischen Gemeindeleben, in dem es bereits seit dem 18. Jahrhundert derartige Institutionen gibt und das in Königsberg sehr rege ist. Die demonstrative Vaterlandsliebe Fanny Lewalds, ihre Verbundenheit mit der deutschen Kultur ebenso wie ihr Ansatz zur Emanzipation der Frau und ihre Funktion als nationale Kulturträgerin sind Ausweis der assimilationswilligen Jüdin.

Der zu eigenständigem Denken und Selbsttätigkeit anregende Schul-
unterricht, die Förderung und Unterstützung ihres Bildungsstrebens
durch den Vater entfremden Fanny der traditionellen Rolle der Frau, für
sie verkörpert in ihrer Mutter, die nie eine Schulbildung genossen hatte:
*Ich war [...] ein wahrer Lesewolf geworden, und was meine Mutter auch
tat, mich von der überwiegenden Neigung zum Lernen und von der Unlust
an jeder häuslichen Arbeit, ja von jeder Arbeit, die nicht geistig war, zu heilen, es schlug alles fehl. Meine Mutter war darüber sehr betrübt; sie fühlte
sich persönlich davon gekränkt. Zu allem, was sie trieb, was ich mit ihr treiben sollte, mußte ich mit Strenge angehalten werden; zu allem, was der
Vater in seinen wenigen freien Stunden mit mir vornahm, war ich aufgelegt
und fröhlich.*[32] Je weiter die Entwicklung Fannys fortschreitet, die
zunächst mit allen Mitteln unterstützt wurde, desto stärker wird nun die
Disziplinierung, eine Inkonsequenz der Erziehung, die Fannys vielfach
beobachtetes Schwanken zwischen «Anpassung und Aufbruch»[33] zur
Folge hat und die sie dem Vater später vorwirft. Aus Angst, einen Blau-
strumpf heranzuziehen, der nicht dem Ideal weiblicher Häuslichkeit und
Naivität entspricht, zwingt man sie zu Tätigkeiten im Haushalt, die ihr
unsinnig erscheinen, da sie die Haushälterin genausogut oder sogar besser verrichten kann. Eigenständiges Haushalten und die damit verbun-
dene Verantwortung, die man der Vierzehnjährigen bei der letzten Ent-
bindung der Mutter überträgt, hingegen füllen sie aus, wenngleich ihr das
biedermeierliche Postulat des «Hausbackenen», die mühevolle Vorrats-
wirtschaft, das Kochen, Einmachen und Konservieren im bürgerlichen
Haushalt zeitlebens fragwürdig erscheint. *Allwöchentlich wurde das Rog-
genbrot zu Hause angeteigt, mußte zu Hause säuern und besonders bei
dem Bäcker gebacken werden. Gab es einen Geburtstag oder ein Fest, so
wurde der Kuchen im Hause gebacken. Die Milch kaufte man, wie sie von
der Kuh kam, um selbst die Sahne abzuschöpfen, das Bier ließ man in Fäs-
sern kommen und füllte es selbst auf Flaschen. Wurst wurde, wenn man es
haben konnte, wenigstens einmal im Jahre im Hause gemacht, [...] daß
also natürlich auch alles, was irgend möglich war, im Hause gestrickt,
genäht und geschneidert wurde, braucht nicht erst erwähnt zu werden. Die
Grille der Selbstfabrikation ging so weit, daß man die Töchter nicht nur im
Schneidern und Putzmachen unterrichten ließ, [...] sondern man ließ eine
Zeit hindurch auch Schuhmacher in die Familien kommen, um das Schuh-
machen zu lernen, um die Damen- und Kinderschuhe im Hause fertigen
zu können.*[34] Später tritt sie für genossenschaftliche Einrichtungen, für
Haushaltsassoziationen, gemeinsames Kochen etc. ein, die Hausfrauen
die Arbeit erleichtern und ihnen die Möglichkeit verschaffen sollen, ihre
intellektuellen Fähigkeiten auszubilden.

Erste Erfahrungen mit dem Tod – im Frühjahr 1820 sterben zwei
kleine Brüder – und eine lebensgefährliche Erkrankung der Mutter stellen einen radikalen Einschnitt in Fannys glückliche Kindheit dar, deren

Inbegriff das Haus an der Brodbänkenstraße als Symbol für Geborgenheit und familiäres Wohlergehen ist: *Es steht mir mit allen seinen Einzelheiten vor Augen, als wäre ich gestern erst darin gewesen [...]. Die Haustür öffnete in einen räumigen Flur. Ihr gegenüber ging es in das große und dunkle Comptoir [...]. Vorn im Hause lag an der linken Seite der Türe eine einfenstrige Stube, das Entrée [...]. Oben im ersten Stock nahm der sogenannte Saal die ganze Front nach der Straße ein. Er wurde nur an Gesellschaftstagen geöffnet [...]. Am Plafond war eine Göttin, ich glaube eine Viktoria oder Fama, in gelben Bronzefarben dargestellt, von der große vergoldete Sonnenstrahlen über die ganze Decke ausgingen. Oben an der Wand zog sich eine Borte von Vögeln hin, weiße Fasanen, die aus Bronzekörben sehr hölzerne Früchte aßen, und die mir wie die größten Wunderwerke der Malerei erschienen. Zwei große Spiegel zwischen den Fenstern hatten Tischchen von weißem Marmor vor sich [...]. Diese beiden Zimmer, das Entrée und der Saal, waren unsere Museen, und in dem letzten durften wir, wie in einem wirklichen Museum, auch gar nichts anrühren. Dafür hatten wir aber in der Hinterstube, welche jenseits eines kleinen dunklen Hausflurs dem Saale gegenüber lag, und im zweiten Stocke, in der Schlafstube meiner Eltern, in unserer Kinderstube, auf den Hausfluren und auf den Treppen und Treppchen, die aus den Fluren nach den einzelnen Zimmern führten, wie in den Kammern, deren das Haus ein paar recht große enthielt, völlig freien Spielraum. Die Wohnstube mit ihren breiten, mit schwarzem Roßhaarzeug überzogenen Möbeln, mit ihren gelben Kattungardinen, auf denen Pagoden und Chinesen gedruckt waren, war so wohnlich als möglich [...].*[35]

«Leidensjahre»

Fannys Schulzeit endet vorzeitig im September 1824, als die Schule geschlossen wird. Damit beginnen schon die in ihrer Autobiographie erst für die Jahre von 1832 bis 1840 konstatierten *Leidensjahre* – so der programmatische Titel, den die Autorin bewußt den «Lehrjahren» des bürgerlichen Mannes in der Tradition des «Wilhelm Meister» entgegensetzt. *Mit einem nicht zu beschreibenden Gefühle der Verlassenheit und der Vereinsamung packte ich meine Hefte und Bücher in mein Schränkchen ein. Ich nahm Abschied von jedem Blatte, das ich aus der Hand legte, und eine Stimme in meinem Innern, die mir immer wieder die Tränen in die Augen lockte, sagte mir fortdauernd: jetzt ist deine glückliche Kindheit vorbei!*[36] Während ihre Brüder das Gymnasium und später die Universität besuchen dürfen, bleibt Fanny fortan auf das Elternhaus beschränkt, dem sie geistig längst entwachsen ist. Um so härter empfindet sie die strenge Reglementierung ihres Tagesablaufs.

Stundenzettel

für

Fanny Marcus.

entworfen Ende September, gültig bis zur veränderten Jahreszeit und bis andere Lehrstunden eintreten.

Allgemeine Bestimmung:
Des Morgens wird spätestens um 7 Uhr aufgestanden, damit um 7½ Uhr das Ankleiden völlig beendigt sei.

Montag
von 8–9 Clavierstunde. Uebung neuer Stücke.
„ 9–12 Handarbeit, gewöhnliches Nähen und Stricken.
v 12–1 Nachlesen der alten Lehrbücher, als: Französisch, Geographie, Geschichte, Deutsch, Grammatik u. s. w.
„ 1–2½ Erholung und Mittagessen.
„ 2½–5 Uhr Handarbeit gleich oben.
„ 5–6 Uhr Clavierstunde bei Herrn Thomas.

von 6–7 Uhr Schreibeübung.

Dienstag
„ 8–9 Uhr Uebung neuer Clavierstücke.
„ 9–10 häusliche Handarbeit.
„ 10–12 Unterricht im Generalbaß.
„ 12–1 gleich Montag.
„ 1–2½ dito.
„ 2–5 dito.
„ 5–6 Uebung alter Clavierstücke.
„ 6–7 Schreibeübung wie Montag.

Mittwoch
gleich Montag; von 5–6 Uhr Uebung der alten Musikstücke am Clavier.
Donnerstag, Freitag und Sonnabend gleich den drei ersten Wochentagen.

Sonntag wird völlig der Bestimmung von Fanny anheimgestellt, mit Ausnahme der Clavierübung von 8–9 Uhr;

«Stundenzettel für Fanny Marcus». Aus «Meine Lebensgeschichte», 1. Bd., 2. Abteilung «Im Vaterhause». Berlin 1861, S. 8

Das von ihr später belächelte rigide und stupide Zeitkorsett, das sie «zu organisierter Sinnlosigkeit und sinnloser Organisation verpflichtet, also zu Pünktlichkeit und Ordnung als selbstzweckhaften Prinzipien bürgerlicher Lebensbewältigung»[37], wird dennoch von ihr derart verinnerlicht, daß sie stets ihre Zeit peinlich genau nutzt. Dies ist für sie die Voraussetzung effektiven und konzentrierten Arbeitens selbst unter schwierigen Bedingungen.

Einen Lichtblick in der täglichen Monotonie stellen die Stunden und Wochenenden dar, die Fanny mit ihrer drei Jahre älteren Schulfreundin Mathilde von Derschau verbringen kann, mit der sie seit etwa 1820 eine innige Freundschaft verbindet. Durch sie, die Protestantin und Anhängerin des Neupietisten Johann Wilhelm Ebel, Fannys Religionslehrer seit ihrem achten Lebensjahr, der im «Muckerprozeß» 1836 wegen Sektenbildung seines Amtes enthoben wird, lernt sie das Christentum kennen. Sehr bald entwickelt sie eine pragmatische Religionsvorstellung, fernab jeglicher Transzendenz: *Es war aber nicht der Gottessohn, den ich verehrte, denn an das Dogma von dem eingebornen Sohne Gottes hatte ich von jeher ebensowenig zu glauben vermocht als an die Menschwerdung der griechischen Götter, sondern es war der Mensch Jesus Christus, der meinem Volke entsprossene Befreier, der historische Christus, den ich verehrte. [...] Da ich von früh auf gewöhnt worden war, meine Vernunft zu brauchen, war ich zum urteilslosen Glauben nicht gemacht, und je an ein Wunder geglaubt, je einen anderen als einen mythologischen Eindruck von den christlichen Wundern gehabt zu haben, kann ich mich nicht erinnern.*[38] Hier spricht auch die Freidenkerin Jenny, Titelheldin des zweiten von Fannys *pathologischen Romanen*[39], der sie autobiographische Züge verleiht und die sich ebensowenig in Spekulationen über ein Leben nach dem Tod verliert wie die spätere Leserin der Schriften eines David Friedrich Strauß und Ludwig Feuerbach, deren historisch-psychologische Kritik am Kirchenglauben für sie gleichbedeutend ist mit Rationalismus und gesundem Menschenverstand. Dennoch trägt ihre jugendliche Verehrung für ihr Ideal Christus schwärmerische Züge. Übersteigerte Religiosität ist nur eine Erscheinungsform sentimentaler Empfindelei und Empfindsamkeit, einer sich in der zweiten Hälfte des 18. Jahrhunderts unter dem Einfluß des Pietismus entwickelnden literarischen Strömung, die mit Goethes «Werther» und Sophie von Laroches «Geschichte des Fräuleins von Sternheim» einen Höhepunkt erlebt, aber auch in der Spätphase der Romantik noch sehr populär ist. In Anlehnung an derartige Lektüre beginnt die etwa fünfzehnjährige Fanny mit Unterstützung der Freundin ein Tagebuch zu führen und grotesk anmutende «Selbstspiegelungen» vorzunehmen: *Fror mich abends bei dem Schreiben, was in dem kalten Zimmer sehr natürlich war, so «fühlte ich die Schwingen des Todes über mir wehen». War ich schläfrig und sah bei dem spärlichen Lichte schlecht, so «schloß sich mein Auge vor dem trügerischen Schein der Welt». Kurz jedes Wort, das ich schrieb, war eine leere Phrase oder eine Affektation. [...] Nicht ein Wort war wahr von alledem [...].*[40] Nach dieser Erkenntnis bleiben ihr Tagebücher, die über das Festhalten objektiver Daten hinausgehen, zeitlebens suspekt; der empfindsame Roman erscheint ihr fortan als unredlich, Goethes «Werther», den der Protagonist ihrer Erzählung *Josias* (1888) als *Feigling* und *Deserteur*[41] bezeichnet, ebenso wie frühe Liebesromane George Sands, deren Einfluß aus einem *kräftigen, gesunden Mädchen [...] ein schwächlich schwärmendes Geschöpf werden*[42] läßt. Ein solches droht sie selbst zu werden; durch modische Kuren – Übungen am Reck, das Ansetzen von Blutegeln usw. – wird Fanny eigenen Aussagen zufolge *systematisch krank gemacht*[43], sie leidet an Kopfschmerzen, Schwindel und Herzklopfen. Sie sieht darin

Fanny Lewald. Kupferstich nach einer Zeichnung von Eduard Ratti, um 1845

Eigenschaften schwacher Weiblichkeit, die ihr nach der Lektüre der Anthropologie Kants im Alter von sechzehn Jahren zutiefst zuwider sind.

Trotz aller Hemmnisse entwickelt sich Fanny zu einem lebhaften Mädchen, witzig und schlagfertig, putz- und vergnügungssüchtig, empfänglich für Komplimente und die erste «stumme» Liebe, der sie 1827 bei einer privaten Tanzstunde im Hause einer befreundeten Familie in der Gestalt des Kandidaten der Theologie Leopold Bock, Sohn eines Landpfarrers aus dem Harz, begegnet. In der sich – stets unter familiärer Aufsicht – entfaltenden Beziehung zweier völlig konträrer Charaktere paßt sich Fanny bis zur Aufgabe der eigenen Identität an: *Ich wenigstens war von Leopold völlig beherrscht, lange ehe ich es wußte, und wenn ich hie und da mich gegen diese Herrschaft aufzulehnen suchte, so geschah das ebenfalls nur aus dem instinktiven Bedürfnis, meinen Willen nicht völlig zu verlieren, mir selbst nicht ganz und gar verloren zu gehen.*[44] In ihrer idealistischen Liebe entsagt sie dem Tanzvergnügen, der *Freude an Heines kecken und leichtfertigen Schriften oder an französischen Romanen*[45], wendet sich statt dessen vaterländischer Literatur zu und träumt sich – seit Freundin Mathilde ihr vertraulich mitgeteilt hat, daß Leopold um sie angehalten habe, der Vater aber einer Heirat erst nach Leopolds Examen und Amtsantritt zustimme – *immer tiefer in mein geistiges Leben als Frau eines Landgeistlichen, als Leopolds Frau hinein*[46]. Stillschweigend betrachten sich beide als Verlobte – Leopold dem Diktat David Marcus' gehorchend, der noch zu jungen Fanny nichts von seiner Neigung zu offenbaren. Die Affäre mit Leopold macht die strenge Disziplinierung der Kommunikation in der bürgerlichen Familie deutlich. Anfang 1829 setzen Leopolds Besuche nach einer Auseinandersetzung mit David Marcus plötzlich aus, der Vater verlangt von Fanny ohne Angabe von Gründen, die Beziehung zu dem jungen Mann zu beenden, seine Bücher zurückzusenden, ihn auch während seiner Erkrankung kurz darauf nicht zu besuchen. Die Gründe für David Marcus' Handeln bleiben im dunkeln, vielleicht wußte er, wie ernst die Krankheit war, an der Leopold im Jahr darauf (1830) sterben sollte, oder er wollte seine Tochter vor vermeintlichen Glaubensvorurteilen der Familie Bock schützen. An ihrem blinden Gehorsam findet Fanny keine Freude; erst in ihrem zweiten Roman *Jenny*, der, trotz anderslautender Versicherungen der Autorin, deutliche Parallelen zu der traumatischen Erfahrung ihrer ersten unglücklichen Liebe zeigt, ist sie in der Lage, das Erlebte zu verarbeiten. Das Medium des Schreibens erhält dabei die psychologische Funktion der Selbstbefreiung, es dient der Kompensation konfliktreicher mündlicher Kommunikation, der Fanny, wie auch ihre Romanfiguren, ausweicht: *Dieser Freude an den Gestalten gesellte sich nun noch die Wonne hinzu, durch ihre Vermittlung einmal alles sagen zu können, was mir seit so vielen Jahren auf dem Herzen gelegen hatte, und es sagen zu können, ohne daß man mich zurechtwies, ohne daß man mir widersprach, ohne daß ich mich zu mäßigen und Rücksicht zu nehmen und ohne daß ich es zu meiner Verteidigung zu sagen brauchte.*[47] Die Übereinstimmungen zwischen Fannys Geschichte und der ihrer Romanfigur Jenny Meier liegen auf der Hand: Die Jüdin Jenny erleidet in ihrer Liebe zu dem protestantischen Theologen Gustav Reinhard eine Identitätskrise, als sie ihre Religion und Kultur aufgibt; in einer weiteren Beziehung – die erste endet abrupt, als Jenny bekennt, nicht an die Ideale ihres Verlobten zu glauben – muß sie erfahren, daß trotz der Konversion, mit der sie ihre Verbundenheit mit der preußischen Gesellschaft unter Beweis stellen wollte, die Assimilation dennoch eine Illusion bleibt. Die Auseinandersetzung mit der eigenen Vergangenheit durch die Arbeit an diesem Roman verursacht

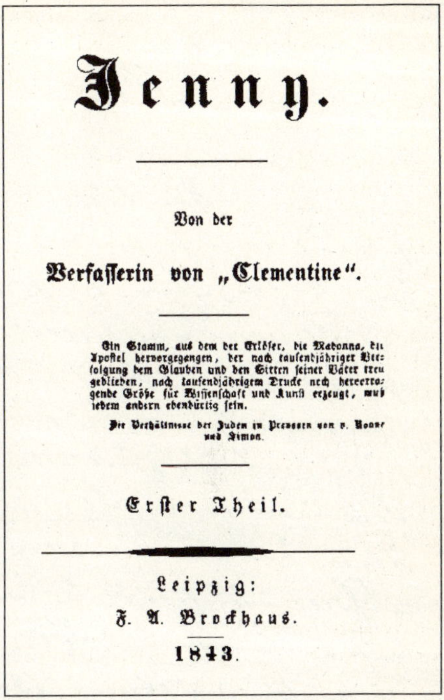

Jenny.

Von der

Verfasserin von „Clementine".

Ein Stamm, aus dem der Erlöser, die Madonna, die
Apostel hervorgegangen, der nach tausendjähriger Ver:
folgung dem Glauben und den Sitten seiner Väter treu
geblieben, nach tausendjährigem Drucke noch hervorra:
gende Größe für Wissenschaft und Kunst erzeugt, muß
jedem andern ebenbürtig sein.

Die Verhältnisse der Juden in Preussen von v. Roone
und Simon.

Erster Theil.

Leipzig:
F. A. Brockhaus.
1843.

Titelblatt des Romans «Jenny»

bei Fanny Lewald psychosomatische Beschwerden, Schlaflosigkeit und Gewichtsverlust: *Ich litt bald auf diese, bald auf jene Weise und konnte mit dem besten Willen nicht mehr Herr über mich werden.*[48] Kein anonym wirkender Zufall führt zu ihrer Erkrankung, sie ist vielmehr eine «Reaktionsmöglichkeit des erlebenden Individuums in hilfloser Lage»[49].

Als Trost bietet der Vater Fanny wie zuvor ihren Brüdern, die nun ihren Beruf frei wählen können, Ende 1829 den Übertritt zum Christentum an, ein von ihr schon lange gehegter und von ihrer Mutter unterstützter Wunsch. Doch bereits im Taufunterricht erkennt Fanny ihre Unfähigkeit zu glauben; das Erlebnis der Taufe am 24. Februar 1830 hinterläßt nur negative Erinnerungen, wie sie später im Gespräch mit Alexander von Ungern-Sternberg bekennt: «‹Ich war schon ein heranwachsendes Mädchen, als ich die Taufe empfing.› Wie war Ihnen dabei zu Muthe? fragte ich. Sie sah mich an, lächelte und sagte: ‹Ich fühlte, daß das Wasser nicht, wie es hätte sein sollen, gewärmt worden war, und darum machten mir die kalten Tropfen im Gesicht eine widrige Empfindung. Weiter weiß ich von meiner Taufe nichts zu sagen […].› Allein die christlichen Glaubenssätze, […] wie nahmen Sie die auf? – ‹Ich kannte

Taufschein

Für einen Kirchlichen, als obrigkeitlichen Gebrauch wird hiermit auf Grund der böhmischen Taufregisters in fidem bescheinigt, daß Fanny Mathilde Auguste, eheliche Tochter des jüdischen Kaufmanns und Nachweiser Herren David Marcus, der später mit obrigkeitlicher Bewilligung den Familiennamen **Lewald** angenommen hat, — und der Frau Zipora, gebornen Assur, hieselbst bei der evangelisch böhmischen Kirche in Löbenicht am 24ten (vier und zwanzigsten) Februar 1830 (achtzehnhundert dreißig) getauft worden ist und daß sie am Tauftage bereits 18 Jahre alt gewesen sein sollte. —

Königsberg d. 5 September 1853

Der am 5. September 1853 nachträglich ausgestellte Taufschein für Fanny Lewald

sie schon, ihrem Wortinhalt nach; was ihre innere Bedeutung betrifft, und das von ihnen, wie gerühmt wird, für die Menschheit ausgehende Heil, so hatte ich mir bereits darüber meine eigenen Gedanken gebildet, bei denen es auch blieb. Die Dreieinigkeit war für mich das Zusammenstimmen der Kunst, der Poesie und des Gedankens.›»[50] Sie teilt diese Empfindungen mit Heinrich Heine, der sich mit der ebenfalls ohne rechte Überzeugung vollzogenen Konversion lediglich das «Entrébillet zur europäischen Kultur» verschafft. Wie er und wie die Titelheldin ihres Romans *Jenny* glaubt Fanny nicht an positive Religionen, sondern, wie sie in einem Brief vom 6. Februar 1849 an den befreundeten Schriftsteller Bernhard von Lepel bekennt, an die *Weltanschauung der Realität*[51], an den Pantheismus; in der Formel *Alles was ist, ist Gott*, die ihr als Essenz der Naturphilosophie Baruch Spinozas gilt, findet sie *den Halt für mein ganzes ferneres Leben, den Regulator für mein Denken, Wirken und Handeln*[52].

Fannys weitere geistige Entwicklung wird beeinflußt von der französischen Juli-Revolution 1830, an der sie aus der Ferne regen Anteil nimmt und die ihr Interesse am politischen Geschehen weckt. Die bewegten Ereignisse der Jahre 1830 und 1831 – die Revolution in Polen regt auch das Handels- und Gesellschaftsleben in Königsberg an – räumen Fanny

Die Juli-Revolution 1830 in Paris. Zeitgenössischer Kupferstich

Ludwig Börne. Gemälde
von Moritz Oppenheim, 1831

größere Freiheiten der Geselligkeit (die sie von ihrer Trauer um den Tod Leopolds ablenkt) und der Lektüre ein. Insbesondere die im Herbst 1831 erscheinenden «Briefe aus Paris» Ludwig Börnes tragen die Ideen der Pariser Revolution nach Deutschland, wecken nach der Restaurationszeit wieder den Wunsch nach Liberalismus, nach einer Befreiung von Restriktionen des öffentlichen Lebens in den 36 deutschen Kleinstaaten und Fürstentümern, von der Zensur und dem Verbot von Versammlungen und politischen Vereinen, nach nationaler Einigung: *Jede einzelne dieser Börne'schen Skizzen war ein zündender Funke [...]. Auch die kleinste seiner Arbeiten war ein Aufruf zur Befreiung von irgendwelchen Vorurteilen, ein Aufruf zur Freiheit überhaupt.*[53] Einen Aufruf zur Freiheit stellt die kurz nach Fannys 21. Geburtstag geäußerte Absicht des Vaters – nunmehr David Lewald – dar, die Tochter auf eine Geschäftsreise an den Rhein und den Neckar mitzunehmen: *Und ein schönes Stück Welt und Leben hat jene erste Reise mir erschlossen, den Weg gebahnt hat sie mir für alle Zukunft – wenn schon einen Weg, den weder mein Vater noch ich damals im Auge haben konnten!*[54] Er trachtet danach, für die Tochter eine passende Partie zu finden, Fanny dagegen sucht nach neuen Perspektiven, die sich ihr in Berliner Museen und Theatern bieten: *Ich genoß zum ersten Male die Seelenbefreiung, welche mir in späteren Jahren so oft durch die Betrachtung des Schönen, durch die Kunst überhaupt geworden ist [...]. Ich empfand, daß für mich etwas auf der Welt vorhanden sei, das höher stehe als alles mich zufällig Berührende und Verletzende.*[55] Der

Frühling an der badischen Weinstraße vermittelt ihr ein neues, sinnliches Naturempfinden, eine ungeahnte Lebensfreude und Jugendlust, die zweite Offenbarung dieser Reise. In Baden-Baden lernt sie nicht nur Verwandte kennen – den jüngsten Bruder des Vaters, Friedrich Jacob Lewald, und seine Familie aus Breslau, der sie aufgrund seiner persönlichen Bekanntschaft mit Goethe 1823 in Marienbad fasziniert –, sondern über ihn auch den Komponisten Giacomo Meyerbeer sowie Ludwig Börne und Ludwig Robert, den Bruder Rahel Varnhagens. Stolz vermerkt Fanny in ihrem Exzerpten- und Notizbuch das Interesse, das die beiden letzteren an ihren Berichten über die Zustände in Ostpreußen und die polnische Revolution bekunden. In der Gesellschaft Börnes nimmt David Lewald am 27. Mai 1832 an dem demokratisch-republikanischen Hambacher Fest teil. Diese Massendemonstration veranlaßt die deutschen Staaten zu scharfen Maßnahmen gegen die von Metternich als «allgemeine Umwälzpartei Europas»[56] gefürchtete liberaldemokratische Bewegung. Die leidenschaftliche Ergriffenheit durch das Erlebte überträgt sich vom Vater auf die Tochter, die die von ihm mitgebrachten Drucksachen – die Eröffnungsrede des radikalen Agitators Philipp Jakob Siebenpfeiffer, «Der Deutschen Mai», Lieder und Trinksprüche – zur Erinnerung an einen frühen unmittelbaren Kontakt mit der Geschichte zeitlebens aufbewahrt.

Während der Vater im Juni nach Königsberg zurückkehrt, reist Fanny mit den Verwandten kurz darauf nach Breslau. Im Laufe ihres sieben-

(Melodie nach Schillers Reiterlied.)

Hinauf, Patrioten! zum Schloß, zum Schloß!
Hoch flattern die deutschen Farben;
Es keimet die Saat und die Hoffnung ist groß,
Schon binden im Geiste wir Garben:
    Es reifet die Aehre mit goldnem Rand,
    Und die goldne Ernbt' ist das — Vaterland.

Wir sahen die Polen, sie zogen aus,
Als des Schicksals Würfel gefallen;
Sie ließen die Heimath, das Vaterhaus,
In der Barbaren Räuberkrallen:
    Vor des Czaren finsterem Angesicht
    Beugt der Freiheit liebende Pole sich nicht.

Auch wir, Patrioten, wir ziehen aus
In festgeschlossenen Reihen;
Wir wollen uns gründen ein Vaterhaus,
Und wollen der Freiheit es weihen:
    Denn vor der Tyrannen Angesicht
    Beugt länger der freie Deutsche sich nicht.

Der Deutschen Mai. Gesungen von etwa 300 jungen Bürgern aus Neustadt, am deutschen Volksfeste vom 27. Mai auf den Schlossruinen zu Hambach. Neustadt 1832

monatigen Aufenthaltes dort lernt sie in dem wohlhabenden Haushalt ein freizügigeres Familienleben als im Elternhaus kennen: ohne straffe Ökonomie und Zeiteinteilung, dafür mit anregender Geselligkeit und Lektüre. Sie nimmt Teil an Plaudereien mit Hausfreunden – Heinrich Hoffmann von Fallersleben, häufiger Gast des bei Liberalen angesehenen ministeriellen Beraters Friedrich Lewald, erinnert sich: «Manchen Abend war ich auch bei Friedrich Lewald, wo ich immer Gesellschaft traf. Frau Lewald wußte durch ihr angenehmes Wesen, ihre feine Aufmerksamkeit als Hausfrau, ihren frischen Sinn für Litteratur und Poesie uns den Abend nur lieb und werth zu machen. Ihr Mann, durch große Reisen und den Verkehr mit vielerlei, oft bedeutenden Männern an Lebenserfahrungen und Kunstwissen bereichert, unterhielt uns sehr entzückend. […] Von weiblicher Gesellschaft war nur noch eine Nichte Lewald's zugegen, von der ich damals nicht ahnden konnte, daß sie Fanny Lewald werden würde.»[57] *Politik, Literatur, soziale und religiöse Fragen wurden mit voller Freiheit durchgesprochen, und weil ich ernsthaft war und wirklich verstehen lernen wollte, wovon man sprach und um was es sich handelte, so vergaß man es leicht, daß ich ein junges Mädchen war und verfolgte die Diskussion bis zu ihren letzten Konsequenzen.*[58] In der Bibliothek des Onkels greift sie gierig zu jeder Art von Literatur, liest Goethes «Wahlverwandtschaften» ebenso wie Gedichte von Anastasius Grün, die Romantiker Ludwig Tieck und Novalis, zeitgenössische französische Literatur – Victor Hugo, Honoré de Balzac, Alphonse de Lamartine, George Sand, Alexandre Dumas, Eugène Sue –, aber auch die Jungdeutschen Karl Gutzkow, Heinrich Laube, Theodor Mundt, Gustav Kühne und Ludwig Wienbarg, die gegen jegliche Restauration gerichtete literarisch-politische Opposition der dreißiger Jahre. Die Lektüreeindrücke hält sie bruchstückartig in Exzerpten fest, ein Vorgang, der Fanny Lewald im Rückblick über die Unzulänglichkeit der eigenen und der weiblichen Bildung im allgemeinen reflektieren läßt: *[…] es drängt sich mir das alte Bedauern darüber auf, daß man den Frauen auch heute noch jene gründliche, wissenschaftliche Schulbildung, jene Erziehung für ihren Beruf versagt, welche man für die Männer aller Stände und Berufstätigkeiten mehr oder weniger als eine unerläßliche Notwendigkeit betrachtet. Wäre es nicht so überaus ernsthaft, so könnte man die Zuversicht sehr komisch finden, mit welcher die Männer die Aufsicht ihres Hauses, die teilweise Vertretung ihrer Stellung in der Gesellschaft, die teilweise Verwaltung ihres Erwerbs, die Pflege und Erziehung ihrer Kinder und endlich ihr eigenes Glück und ihre Ehre in die Hände von jungen Personen legen, welche für alle diese wichtigen, ja für diese höchsten Leistungen durch nichts befähigt sind, als etwa durch ihren guten Willen und den meist sehr blinden Glauben verliebter Männer an den Wert des Mädchens, das ihnen wohlgefällt. Man nimmt keinen Dienstboten in sein Haus, ohne zu wissen, ob er die dazu nötige Vorbereitung erhalten habe, man verlangt von jedem Lehrling […] eine mehrjährige Studienzeit, man erkennt niemand als Meister an, man vertraut keinem Lehrer, keinem Baumeister, keinem Tischler und keinem Professor oder Rat ein Amt an, ohne sich von seiner Tauglichkeit überzeugt zu haben, und man überantwortet die höchste Aufgabe des Lebens, die Gründung und Leitung der Familie, die Erziehung des Menschen, in der Regel den jungen unerfahrenen Geschöpfen, denen man grundsätzlich die Möglichkeit verweigert hat, sich für ihren Beruf gebührend vorzubereiten. […] Dies ist eine Geringschätzung der Frauen, ein völliges Verkennen ihrer Stellung und ihrer Aufgabe innerhalb der menschlichen Gesellschaft.*[59]

In Breslau verliebt sich Fanny ein zweites Mal, ebenso unglücklich wie beim erstenmal, denn ihre Liebe wird nicht erwidert. Ihr Vetter Heinrich Simon ist der älteste Sohn des Kaufmanns Hermann Simon und Minna Lewalds, der ältesten Schwester des Vaters, zu der Fanny ein innigeres Verhältnis pflegt als zur eigenen Mutter, weil sie bei ihr auf Verständnis stößt und sich mitteilen kann. Zum Zeitpunkt der Begegnung im Herbst 1832 hat Heinrich Simon soeben eine Festungshaft für die Tötung eines

Heinrich Simon. Lithographiertes Frontispiz von P. Rohrbach in
Johann Jacoby: Heinrich Simon. Ein Gedenkbuch für das deutsche
Volk. Berlin ²1865

Gegners im Duell vier Jahre zuvor verbüßt, eine schmerzliche Erinnerung, unter deren Einfluß er noch steht und die beiden, Heinrich und
Fanny, eine tiefempfundene Abscheu vor dem Duellwesen und dem mi-
litärischen Ehrenkodex einflößt (in ihren Romanen und Erzählungen
nimmt sie eindeutig dagegen Stellung). Zwar fühlt sich der junge Jurist
«namentlich von der kräftig gesunden Natur der geistreichen jungen
Verwandten augenblicklich angesprochen»[60], doch er liebt sie nicht und
hat gerade eine unglückliche Liebesbeziehung zu einer jungen Aristo-
kratin in Glogau beendet, der er vor dem zweiten Examen keine
Existenz bieten kann. In den vierziger Jahren wird Simon mit seinen pro-

vozierenden Schriften, darunter «Annehmen oder Ablehnen» der preußisch-ständischen Verfassung (1847) und «Die oberschlesische Hungerpest» (1848), sowie mit seinem engagierten Eintreten für die liberale Bewegung hervortreten. Im März 1848 ist er dann Mitglied einer Breslauer Deputation an König Friedrich Wilhelm IV. in Berlin, später Abgeordneter des Vorparlaments und Deputierter der Nationalversammlung. Sein äußerst pragmatisches Vorgehen in der Verfassungsfrage – er bewegt eine von ihm geführte Abgeordnetengruppe, die «Fraktion Braunfels», dazu, für die kleindeutsche Lösung zu stimmen (Pakt Simon-Gagern) – bringt ihm jedoch Vorwürfe von Freunden und politischen Gegnern ein. Nach der Sprengung des deutschen Parlaments flieht er im Mai 1849 vor einem Hochverratsprozeß in die Schweiz und wird erst mit Beginn der Neuen Ära 1858 politisch wieder aktiv. Nach seinem Tod 1860 setzen ihm preußische Liberale in seiner Schweizer Gemeinde ein Denkmal. Fanny Lewald muß erleben, wie er ihr 1836 eine andere Frau vorzieht, Ida Hahn-Hahn, Autorin im aristokratischen Milieu angesiedelter Romane, in denen sie für eine Selbstentfaltung der Frau nach dem Vorbild George Sands und ihrer Romane eintritt. Zu einer bleibenden Verbindung mit dieser Konkurrentin, die Simon leidenschaftlich liebt, kommt es nicht, diese ist bereits gebunden. Simon bleibt unverheiratet.

Denkmal für Heinrich Simon am Wallensee. Frontispiz in Johann Jacoby: Heinrich Simon. Ein Gedenkbuch für das deutsche Volk. Bd. 2, Berlin 1865

Ida Hahn-Hahn. Lithographie, 1842

Fanny unterhält zu ihrem Vetter zeitlebens eine enge, freundschaftliche Beziehung. Briefe an ihn und von ihm und seiner Familie trösten Fanny nach ihrer Rückkehr in die Enge des Königsberger Elternhauses an ihrem Geburtstag im März 1833. Hier ist sie nun vollends eine Fremde: *Lange Abwesenheiten haben für Menschen, die noch in ihrer Entwicklung begriffen sind, eine sehr bedenkliche Seite. Sie geben uns oft eine unerwartete Richtung, und es findet sich, daß der Baum, dem man mit frischer, neuer Luft nur ein wenig nachzuhelfen gedacht, nicht mehr in den Kübel hineinpaßt, für den man ihn bestimmt hatte.*[61] Für die Zweiundzwanzigjährige beginnen nun die unerfüllten Jahre des Wartens bürgerlicher Mädchen aus gutem Hause auf die passende Partie. Aus der Monotonie der Gewohnheiten – Hausarbeit, die sie sich mit den Schwestern teilt, Geselligkeit in- und außerhalb des Hauses, bei der sie bereits die Rolle der *gereiften Person* [62] einnimmt – wird Fanny 1836 durch die Eröffnung des Vaters, ein Geschäftsfreund habe um sie angehalten, herausgerissen. Dem heftigen Drängen des Vaters, der um die Versorgung seiner sechs Töchter bemüht ist und Fanny vor dem Schicksal der alten Jungfer bewahren möchte, widersetzt sich diese bestimmt. Zum einen liebt sie noch Heinrich Simon, zum anderen ist ihr der Bewerber – ein Assessor in den Dreißigern, Landrat in einer Provinzstadt in Ostpreußen – in seinem Äußeren, seiner süffisanten Art und seinen eigentümlichen Vorlieben – Hyazinthenzucht und Krebsfang bei Fackelschein – zutiefst zuwider. Das Beispiel ihrer jüngsten Tante, die man gegen ihren Willen verheiratet hatte und die in dieser Konvenienzehe sehr unglücklich geworden war, hatte Fanny bereits mit fünfzehn Jahren den Vorsatz fassen lassen, *mich nie zu einer Heirat überreden zu lassen, und mich nie anders als aus voller Überzeugung und Liebe zu verheiraten* [63]. Der Versuch des von ihr hochverehrten und nie in seiner Autorität in Frage gestellten Vaters, Zwang auf sie auszuüben, enttäuscht sie zutiefst und macht ihr die Widersinnigkeit bürgerlicher Familienideologie bewußt: *Elender als in der Stunde habe ich mich in meinem ganzen Leben nicht gefühlt. […] Ich sagte mir immer wieder: «Wie überlästig muß ich in unserem Hause sein, wie wenig muß selbst der Vater mich kennen, wenn er mich fortstoßen, mich zwingen will, unglücklich zu werden, nur um mich nicht mehr versorgen zu müssen.»* [64] Indirekt mag dieses Drängen auf eine Konvenienzehe, das angesichts der freien Partnerwahl der Eltern um so unverständlicher erscheint, durch die traditionelle Praxis jüdischer Familien, die Töchter so früh wie möglich zu verheiraten, motiviert sein, denn «Wer nicht verheiratet ist, ist nach dem Ausspruch der Weisen des Namens ‹Mensch› nicht würdig» [65]. Nur das Andenken der Nachkommen sichert nach jüdischer Auffassung eine Fortdauer nach dem Tod, die irdische Unsterblichkeit des Menschen; für die geistige sorgt er mit seinen Taten. Auch dieses Erlebnis unterliegt einer Disziplinierung der Kommunikation, wird in der Familie nicht diskutiert, sondern totgeschwiegen. Fanny verarbeitet es erst fünf Jahre später – begleitet von Krankheitssymptomen wie Nervenleiden, Herzklopfen, Schweißausbrüchen – in ihrem ersten Roman *Clementine*, in dem sie ihre idealistische Auffassung der Ehe darlegt: *Ich hasse die Ehe nicht; im Gegenteil, ich halte sie so hoch, daß ich sie und zugleich mich zu erniedrigen fürchte, wenn ich dies heilige Band knüpfte, ohne daß mein Gefühl Theil daran hätte. […] ich halte heute noch die Ehe für den einzigen Weg, der den Menschen zu der größten Vollkommenheit führt, die seiner Individualität möglich ist. […] Aber was hat man aus der Ehe gemacht? – ein Ding, bei dessen Nennung wohlerzogene Mädchen die Augen niederschlagen, über das Männer witzeln und Frauen sich heimlich lächelnd ansehen. Die Ehen, die ich täglich vor meinen Augen schließen sehe, sind schlimmer als Prostitution. [...] Ist es nicht gleich, ob ein leichtfertiges, sittlich verwahrlostes Mädchen sich für eitlen Putz dem Manne hingibt, oder ob Eltern ihr Kind für Millionen opfern? Der Kaufpreis ändert die Sache nicht [...].*[66]

Die Erziehung zur Selbständigkeit macht Fanny das Leben als abhängige Familienangehörige unerträglich. Das Gefühl der Fremdheit zwischen ihr und den Eltern und Geschwistern entspringt keinem kapriziösen Verhalten, sondern dem Wunsch nach erfüllender Tätigkeit und ehrenvoller Unabhängigkeit, die dem Mann selbstverständlich gewährt, der Frau aber verweigert wird: *Keine bürgerliche Familie auf der Welt es Hehl, daß sie bei der Erziehung eines Sohnes das Ziel im Auge hat, ihn so früh als möglich zu selbständigem Erwerb fähig zu machen. Man gesteht es mit Freude und Genugtuung ein, wenn der Sohn es mit zwanzig Jahren einmal dahin gebracht hat, dem arbeitsbeladenen Vater nicht mehr zur Last zu fallen. [...] Während man es für einen jungen Mann als eine Sache der Ehre ansieht, sich sein Brot zu erwerben, betrachtet man es als eine Art von*

Rahel Varnhagen
von Ense.
Lithographie
von G. Küstner

George Sand.
Aus der «Gallerie der berühmten
Zeitgenossen», Leipzig 1840

Louise Aston.
Holzstich, 1848

Schande, die Töchter ein Gleiches tun zu lassen.[67] Die für den Vormärz zentralen Emanzipationsforderungen Lewalds zu *Arbeit und Erwerb*[68] der Frau übertragen konsequent die Gleichheitsideen der Französischen Revolution auf die Geschlechter, basierend auf Impulsen, die das weibliche Selbstbewußtsein in der Aufklärung – über (pädagogische) Schriften wie Jean-Jacques Rousseaus «Emile» (1762) oder Theodor Gottlieb Hippels «Über die bürgerliche Verbesserung der Weiber» (1792) – und der Frühromantik – mit Beispielen «öffentlichen» weiblichen Lebens einer Dorothea Schlegel und Rahel Varnhagen – erhalten hat. Mit Rahel Varnhagen, die persönlich kennenzulernen sie 1832 bei ihrem Aufenthalt in Berlin versäumte, verbindet Fanny nicht nur die jüdische Herkunft, sondern eine Art Seelenverwandtschaft, dokumentieren doch die nach Rahels Tod veröffentlichten Briefe: *Was mir auch begegnet war, was ich Unbequemes, Peinliches, Schmerzliches zu ertragen und zu erleiden gehabt hatte, Rahel Levin hatte das alles gekannt, hatte das alles durchgemacht.*[69] Dagegen üben – mit Ausnahme der sozialen Ideen – der französische Saint-Simonismus und das Konzept der «Emanzipation des Fleisches» und der freien Liebe, das von George Sand und einigen deutschen Nachahmerinnen wie Louise Aston aufgegriffen wird, keinen Einfluß auf Fanny Lewald aus. Bühnenkünstlerinnen wie Wilhelmine Schröder-Devrient,

Wilhelmine
Schröder-Devrient.
Lithographie von
F. Hanfstengl nach
einer Zeichnung von
Kietz, 1840

die Ende der dreißiger Jahre in Königsberg gastiert, prägen Fannys Bild weiblicher Unabhängigkeit. Den Vorschlägen der Tochter, die entwürdigende Situation finanzieller Abhängigkeit aufzugeben durch eine Beschäftigung als Erzieherin oder Gouvernante, begegnet der Vater mit dem Hinweis auf reichlich vorhandene Tätigkeit im Hause: Erziehung der Geschwister und Pflege der Mutter, die im Dezember 1841 im Alter von nur fünfzig Jahren an Lungentuberkulose stirbt.

Fannys Freiheitsdrang wird im Winter 1839/40 ebenso durch Entfernung von der Familie – sie verbringt ein halbes Jahr bei entfernten Verwandten in Berlin – Rechnung getragen wie dem ihres Bruders Moritz, der sich bereits in der Kindheit geltend gemacht hatte. Er ist ein leidenschaftlicher Hitzkopf, der sich gegen jede Herrschaft auflehnt und doch von der allumfassenden Familienliebe erdrückt wird: *Statt diesen Knaben zur freien Selbstbeherrschung zu gewöhnen, die allein ihn hätte zügeln können, hatte der Vater ihn, wie uns alle unter seiner Herrschaft behalten wollen.*[70] Nach diversen Studentenhändeln, Verletzungen, Liebesaffären und schließlich einem Duell reist der junge Mediziner übereilt nach Wilna ab, wo er eine Arztpraxis eröffnen will, ein schwacher Ersatz für die Abenteuerlust des jungen Mannes, der sich als Schiffsarzt einer Expedition anschließen oder nach Amerika auswandern wollte. Bei seinem Fortgang steht die Familie Lewald im Sommer 1839 an einem Wendepunkt.

«Befreiung und Wanderleben»

Also eine Schriftstellerin...

Ein Jahr später steht Fanny am entscheidenden Wendepunkt ihres Lebens. Wieder eröffnet ein politisches Ereignis neue Perspektiven: die Thronbesteigung Friedrich Wilhelms IV. und die Huldigungsfeier für den jungen Monarchen in Königsberg, ein Anlaß, der Hoffnungen auf Liberalisierung und Reformen neuen Aufwind gibt. Rudolf von Gottschall kommt als Student um diese Zeit nach Königsberg und begeistert sich für die freiheitliche Stimmung in der Stadt, dort «wehte [...] ein prächtiger Frühlingshauch vormärzlicher Zeit»[71]. Königsberg gilt als ein Zentrum des politischen Liberalismus. Im ganzen Land bekannt wird die Volksbewegung der liberalen Bürgerschaft und ihre Versammlungen im Böttchershöfchen. Besonders aktive Vertreter der Bewegung sind gute Bekannte des Hauses Lewald, so der seit 1834 im Haus lebende Justizrat Ludwig Crelinger, prominenter Verteidiger der Prediger Ebel und Diestel im Königsberger «Muckerprozeß» (1836) und Anwalt im Berliner Polenprozeß (1847), und der Nachbar aus der Kneiphöfischen Langgasse, der Arzt Dr. Johann Jacoby, den Zeitgenossen wie folgt charakterisieren: «Der freundliche Arzt, der in seinem einspännigen Doctorwagen durch die Königsberger Straßen fuhr, gewöhnt an ein stilles Wirken, hatte kaum dem preußischen Staate seine Mixturen, Latwergen und Pillen eingegeben, als er immer mehr zu einer hippokratischen Radicalcur schritt. Ein Nathan mit der Jacobinermütze scheint freilich ein undenkbares Bild, und doch ist die Lösung des Rätsels nicht schwer. Jacoby war mehr Philosoph als Politiker.»[72] Die «Mixturen» Jacobys sind in seiner Schrift «Vier Fragen» (1841) enthalten, in der er die Weiterführung der von Stein und Hardenberg eingeleiteten Reformen fordert, die Gleichheit aller Stände und eine demokratische Vertretung des gesamten preußischen Landes anstelle der Ständevertretung – Forderungen, die dem unbequemen Idealisten einen von zahlreichen Hochverratsprozessen einbringen. Fanny Lewald hat Jacoby, mit dem sie ab 1847 eine intensive Freundschaft verbindet, in ihren Romanen *Jenny* und *Wandlungen* als Kämpfer für Freiheit und Toleranz porträtiert.

Versammlung im Böttchershöfchen in Königsberg, 1845. Aus: Illustrirte Zeitung, Bd. 11, Nr. 283 vom 2. Dezember 1848

Johann Jacoby
in jungen Jahren

Enthusiastisch wird der junge König in Königsberg begrüßt: *Wir haben einen König einziehen sehen, der mit Liebe und Vertrauen zu seinem Volke kam – der sein Volk achtet und sich selbst, weil es ihm gegeben ist, ein Volk zu beherrschen. – Lassen Sie mich schweigen von den Blumengirlanden [...], aber von dem Eindruck muß ich Ihnen erzählen, den der Aufzug der Zünfte auf die Menge, auf uns machte. Sie kamen an mit fliehenden Fahnen, mit den Zeichen ihres Gewerkes und mit lautem Spiele. [...] Und wir standen ganz ernst, und manch kräftiges Herz schlug und manch schönes Auge weinte, denn wir sahen unsere Bürger und Handwerker als eine achtbare Versammlung, als Bürger vereint, auftreten, und wir sahen kein Militär, das ihren Weg beschränkte, und keine Gendarmerie, die das Volk zurückstieß. Die Bürger zogen feierlich froh durch die Straßen, sie bildeten das Spalier, das den Einzug des Königs beschützte, [...] um Platz zu machen, bog sich der König selbst vom Pferde, als es zu arg werden mochte, und bat: «Kinder, laßt mich durch!» – So ist er wie ein Freund angekommen [...].*[73] Diese Schilderung, um die sie vom Vetter ihres Vaters, dem Publizisten und Herausgeber der Zeitschrift «Europa», August Lewald, gebeten wird, ist ein Auszug aus der ersten Veröffentlichung Fanny Lewalds; ihr Beitrag wird ohne Änderung in der Zeitschrift abgedruckt, in der schon früher Passagen aus Briefen Fannys in Lewalds Korrespondenzartikeln aus Königsberg verwendet worden waren. Die ersten dichterischen Versuche Fannys gehen – wenn man von Gelegenheitsgedichten zu einem Polterabend 1831/32 absieht – auf das Jahr 1834 zurück, als sie eine kleine Schwester während deren schwerer Erkrankung mit selbsterdachten Märchen und Sagen unterhielt. *Das Märchen von Frau Balta* – eine Allegorie der Ostsee als Seekönigin und ihrer übermütigen Töchter Ebbe und Flut, die Mensch und Natur übel mitspielen und dafür mit Verbannung bestraft werden – ist noch als eigenhändiges Manuskript und damit als Dokument des ersten Schreibversuchs erhalten. Nutzt Fanny gelegentliche Mußestunden *zwischen Gedanken an Küche und Speisekammer*[74] ab 1839 auch für Skizzen zu Erzählungen, denkt sie doch nicht im entferntesten daran, aus dem Schreiben einen Beruf zu machen. Dazu bedarf es erst der Unterstützung durch August Lewald – *Fanny hat ein so entschiedenes Talent der Darstellung, daß ich nicht begreife, wie sie nicht von selbst darauf gekommen ist, sich mehr darin zu versuchen. Sie ist ohne Frage eine dichterische Natur, und es wäre nicht zu verantworten, wenn sie eine solche Begabung nicht benutzte*[75] – und väterlicher Erlaubnis. Die augenblicklich empfundene Lust zu schreiben wird motiviert durch eine sich plötzlich eröffnende Lebensperspektive: *Mir war zumute, als wären mir Flügel verliehen. [...] Ich kam mir wie in einem Märchen, wie verzaubert vor, denn es dünkte mir, als sei mir die Herrschaft über die Welt geschenkt.*[76] Betrachtet auch die Familie – vor allem der Vater und Bruder Otto übernehmen die Rolle der Zensoren – ihre weiteren Versuche *Modernes Märchen* und *Der Stellvertreter* als gewöhnliche Jour-

August Lewald. Lithographie mit faksimilierter Unterschrift

nalgeschichten, werden sie doch von August Lewald wegen der originellen Figurengestaltung gedruckt und bringen Fanny ein erstes Honorar in Höhe von acht Talern ein. *«Du willst also Schriftstellerin werden?» «Wenn Du nichts dagegen hast, lieber Vater, will ich es ganz gewiß!»*[77] Unter der Bedingung, daß sie ihre Arbeiten anonym veröffentlicht, entläßt David Lewald 1841 seine dreißigjährige Tochter aus der väterlichen Autorität. Ihr eigener Lebensweg beginnt.

«Das Märchen von Frau Balta» in der Handschrift Fanny Lewalds

Jungdeutsche Tendenz

Zwar verarbeitet Fanny Lewald in ihren ersten beiden Romanen eigenes Erleben, doch entwickelt sie schon bald ein erzählerisches Konzept, das dem Schriftsteller im Gegensatz zur autonomen «Kunstperiode» eine politisch-soziale Funktion zuweist als Aufklärer und Pädagoge, der gestaltend auf seine Zeit Einfluß nimmt und Partei bezieht. *Von meinem ersten kleinen Roman an [...] habe ich es als meine höchste Aufgabe betrachtet, in meinen Arbeiten dichtend den Zwecken und Tendenzen zu dienen, welche mir Ideal und Religion sind.*[78] Sie steht damit in der Tradition Heines und des Jungen Deutschland, bezieht ihre Anregungen und Ideen für eine neue Zeit aus der liberalen Zeitschrift «Hallische Jahrbücher» der Linkshegelianer Arnold Ruge und Theodor Echtermeyer. *War es mir nicht vergönnt, wie die Männer in meiner Nähe und wie die Mitarbeiter der Jahrbücher, im offenen und entscheidenden Kampfe mitzufechten, so wollte ich ihnen wenigstens unter der Schutzwehr der Dichtung, so gut ich es vermochte, die Kugeln zutragen helfen.*[79]

In *Clementine* rechnet Fanny Lewald mit der Konvenienzehe ab und demonstriert, daß die aus Pflicht geschlossene Ehe pflichtgemäß Resignation impliziert: Die Titelheldin lehnt eine Trennung von ihrem zwar nicht geliebten, aber respektierten Mann und eine Verbindung mit dem Jugendgeliebten ab; die oben zitierte Passage (S. 35 f.) stellt in der Tat die einzige emanzipatorische Aussage Clementines dar, deren Handlungsweise die Konsequenz gesellschaftskonformen Verhaltens illustriert. In *Jenny* skizziert Lewald darauf ihre Idealvorstellung von der Ehe als freie Wahlgemeinschaft gleichberechtigter Partner – *Zwei kräftige üppige Bäume standen dicht nebeneinander, frisch und fröhlich emporstrebend, mit eng verschlungenen Ästen. Darunter las man die Worte: «Aus gleicher Tiefe, frei und vereint zum Äther empor!»*[80] – und wendet sich dem Judenhaß der Christen und der jüdischen Emanzipation im preußischen Staat zu. Am Beispiel der Geschwister Eduard und Jenny Meier zeigt sie zwei Integrationsmodelle: Während Jenny, um Frau eines protestantischen Theologen werden zu können, konvertiert, beantragt ihr Bruder – vergeblich – eine staatliche Konzession, um als Jude eine Christin heiraten zu dürfen, was zwar de facto nicht verboten, aber unüblich ist. Als Deutscher jüdischer Konfession wie sein realer Glaubensgenosse Gabriel Riesser, Vertreter einer jüdischen Reformbewegung, die jüdische Gleichberechtigung deutsch-nationaler Prägung zu einem Programmpunkt des liberalen Vormärz macht, entsagt er eher seiner Liebe, als seine mehr sozial als religiös empfundene Konfessionszugehörigkeit aufzugeben. Massive soziale Kritik an staatlich sanktionierten Glaubensvorurteilen verknüpft sich mit den Hoffnungen der Utopie: *«Wir leben», sagte er mit der Begeisterung eines Sehers, «um eine Zeit zu erblicken, in der keine solchen Opfer auf dem Altare der Vorurteile bluten! Wir wollen leben, um eine freie Zukunft, um die Emanzipation unseres Volkes zu se-hen!*»[81] Die Figur des Eduard Meier begegnet in dem 1841/42 geschrie-benen Roman den gleichen Beschränkungen wie Fannys Onkel Salomon Lewald, dem 1812 die Mischehe mit einer Christin (Eleonore Hofer) ebenso untersagt wurde wie 1844 dem Königsberger Liberalen Ferdi-nand Falkson, der sich jedoch in jahrelangen Prozessen schließlich durchsetzen kann. Der engagierte Einsatz für politisch-religiöse Fragen und zwei unterprivilegierte Gruppen – Juden und Frauen – begründet die bis heute anhaltende Popularität gerade dieses Romans und nötigt Zeitgenossen wie Heinrich Laube das Zugeständnis ab, *er freue sich an-zuerkennen, daß er der weiblichen Kraft zu wenig zugetraut*[82]. Am Bei-spiel der Jenny, ihrer Verweigerung der Konvenienzehe mit einem unge-liebten Vetter, ihrer Nichtanpassung an den Glauben des Verlobten und der Wahrung der eigenen Identität, zeigt Fanny Lewald emanzipiertes weibliches Verhalten – und gleichzeitig, in der späteren bereitwilligen Anpassung Jennys an den Partner, der sie als Persönlichkeit respektiert, dessen Grenzen.

Die Erstlingswerke erscheinen beide 1843 anonym bei Brockhaus auf Vermittlung von August Lewald. Nachdem sie ihre Anonymität im Win-ter 1843/44 aufgegeben hatte, tritt Anfang 1844 die Buchhandlung Rei-marus mit einer Auftragsarbeit, einer Novelle für den Berliner genealo-gischen Kalender, an sie heran. Die Erzählung *Der dritte Stand*, in der es der Autorin um *eine ethische Verschmelzung der verschiedenen Stände durch die Heirat von zwei jungen Paaren*[83] geht, zeigt in Handlungs-führung und Figurenkonstellation deutliche Anklänge an George Sands dokumentarischen Sozialroman «Le Compagnon du Tour de France» (1841), der auch als Katalysator zur Konfliktlösung dient. Im Gegensatz zu Sands sozialromantischer Darstellung eines – scheiternden – revolu-tionären gesellschaftlichen Wandels durch den Ständeausgleich zwischen Adel und Arbeiterschaft, Träger frühsozialistischer Ideale einer urchrist-lichen Gemeinschaft, stellt Fanny Lewalds Novelle eine auf konstruktive Lösung bedachte Utopie des liberalen deutschen Bürgertums dar. Durch zweifachen Ständeausgleich kommt es zu einer Verbindung von Adel, Bürgertum und Handwerkerschaft. Als tragende Kraft im Staat erweist sich der Bürger, der pragmatische Fabrikant, der durch soziale Verant-wortung und Reformen – er richtet ein Arbeiterkrankenhaus, eine Wit-wen-, Kranken- und Sparkasse für die Arbeiter ein – dem Pauperismus abzuhelfen und durch Integration der Arbeiterschaft in das Bürgertum die Herausbildung eines Proletariats, des vierten Standes, und eine Re-volution «von unten» zu verhindern sucht. Mehrmaliges Überarbeiten und eine vorübergehende Beschlagnahmung durch die Zensurbehörde verzögern das Erscheinen der Novelle. Im Verständnis des wohlhaben-den Bürgers ist in Selbsthilfemaßnahmen der Notleidenden ein versteck-ter Aufruf zur Revolution zu sehen, ein Vorwurf, der schließlich fallengelassen wird, *weil die Novelle «von einer Frau» geschrieben sei*[84]. Über die in der vormärzlichen Erzählprosa sonst übliche Karikatur unternehmerischer Habgier und Profitsucht geht Lewald in ihrer Darstellung weit hinaus. Dieses konstruktive Element ihrer Prosa, die konkret zur Lösung der sozialen Frage beitragen möchte, hebt Fanny Lewald deutlich von den Jungdeutschen ab, deren typische Metaphorik – Frühling, Morgenrot und Gewitter künden von der Revolution, politische Freiheit wird symbolisiert durch reißende Gewässer etc. – sie jedoch ebenso übernimmt wie die Technik des Reflexionsromans, die die Handlung hinter Gesprächen der Figuren zurücktreten läßt. Der überproportional hohe Anteil an direkter Rede verleiht den Frühwerken Lewalds starke Dynamik und eine Dramatik, die Ausdruck von Gesellschaftsunmittelbarkeit ist und der jungdeutschen Programmatik einer Annäherung von Kunst, Literatur und Leben entspricht. *Ein Roman, der nicht in genauer Beziehung zu der Zeit steht, in der er geschrieben ward, wird selten ein gelungenes Werk sein*, argumentiert der liberale Schriftsteller Alfred von Reichenbach, Protagonist von Lewalds drittem Roman *Eine Lebensfrage*, den sie für die Arbeit an der Novelle unterbricht. *In Ländern, in denen das Volk selbstregierend Theil nimmt an allen Zeitinteressen, wo die Unterhaltung darüber von dem Palast bis in die Hütte dringt, wo Jeder die Gegenwart kennt, da darf der Dichter sich in poetischer Betrachtung der Vergangenheit zuwenden, denn die Arbeit des Tages wird gethan. […] Wir haben jetzt nicht Zeit, in poetischen Ergüssen zu feiern; denn unsere Tage sind Tage des Kampfes und der Arbeit. […] So lange das Volk nicht frei seine Meinung sagen darf, so lange muß der Dichter in Bildern für sein Volk sprechen und in Bildern erklären, was die Nation bedarf und fordert.*[85] Nach Ansicht der Autorin bedürfen die Bürger Preußens des Rechts auf Ehescheidung, das der preußische Staat ab Mitte der dreißiger Jahre aus autoritärem Staatsinteresse zu verschärfen sucht, zum Beispiel durch den mit Haftstrafe bedrohten Zwang zur Wiederherstellung einer Ehe, Gefängnisstrafe bei Ehebruch und Verbot der Ehe zwischen «Ehebrechern». Lewald wendet sich dagegen, daß der Ehe als Ausdruck menschlicher Individualität ein rein institutionelles Gepräge gegeben werden soll: *Aber was geht das den Staat an, ob zwei Menschen, die sich nicht mögen, miteinander leben oder voneinander gehen? […] Glückliche Ehen möglich zu machen, muß sein Ziel sein, nicht unglückliche Ehen zusammenzuhalten.*[86] Den Lehrsatz der liberalistischen Eheideologie der «Hallischen Jahrbücher» – *Es gibt Fälle, in welchen die Trennung einer Ehe eine hohe sittliche Tat sein kann!*[87] – illustriert die Autorin in Anlehnung an Goethes «Wahlverwandtschaften», deren Figuren sie verbrecherisches Handeln aus Schwäche und Stolz vorwirft. In der – irrigen – Überzeugung, Goethe habe für seinen Roman ursprünglich eine andere Konzeption vorgesehen, läßt sie den eigenen Protagonisten nach mehreren Versuchen der Aussöhnung seine aus moralischer Verpflichtung geschlossene Ehe mit einer ungeliebten und unpassenden Frau beenden und – in Weiterführung von *Clementine* – die Jugendliebe heiraten. Fanny Lewald kann nicht wissen, daß sie in der Konstellation der Figuren eine Beziehung konzipiert, die sie selbst nur allzu bald erleben wird...

Berliner Literatenkreise

Zunächst jedoch tritt die «Verfasserin der Clementine und Jenny» mit ersten Honorareinkünften von 60 Friedrich d'Or für *Clementine* und privaten Ersparnissen im Sommer 1843 ihren zweiten Aufenthalt als Pensionärin bei Verwandten in Berlin an. Drei Jahre zuvor machte sie in einem ungeheizten Dienstmädchen- und Durchgangszimmer eines Onkels zum erstenmal die Erfahrung, ohne familiäre Verpflichtungen ungestört sich selbst leben zu können, nahm englischen und französischen Sprachunterricht und wurde mit gesellschaftlichen Umgangsformen und -gepflogenheiten vertraut gemacht; nun tritt sie selbstbewußt auf, stolz auf die eigene Leistung und die, wenngleich noch geringe, finanzielle Unabhängigkeit. Über entfernte Verwandte, die Familie Bloch, die in den Glanzzeiten der Berliner Gesellschaft zu Anfang des Jahrhunderts in ihrer Wohnung Unter den Linden Literaten und Gelehrte der Berliner Universität empfangen hatte, schließt sie erste Bekanntschaften, zu denen der Schriftsteller Willibald Alexis gehört, und erhält Zugang zu literarischen Salons, zumal, als sie schließlich auf Empfehlung von Frau Bloch die Anonymität aufhebt, um die Vorteile der Popularität nutzen zu können: *In Berlin hob nun für mich eine neue und gute Zeit an. Ich war wie ein Schiff, das lange fertig auf dem Stapel gelegen und das endlich flott gemacht, fröhlich und leicht in den hellen frischen Strom hinabschießt, dessen wellige Fluten es heben und tragen, und ich konnte an mir selber die Erfahrung machen, welch einen Vorzug diejenigen besitzen, die einen bekannten und anerkannten Namen mit sich auf die Welt bringen. Ein Name ist wie ein Piedestal. Er hebt den Menschen aus der Masse empor, er kennzeichnet ihn.*[88]

Sie verkehrt ebenso bei den berühmten jüdischen Salonièren der ersten Generation, Henriette Herz und Sarah Levy, die einst Moses Mendelssohn und Mirabeau, Schiller und Goethe sowie die Berliner Romantiker gekannt hatten, wie bei der Rahel-Verwandten und -Nachfolgerin, der sich für die französische Republik begeisternden Henriette Solmar, im jungdeutschen Salon der Gräfin Ahlefeld und im konservativen Salon der Lieblingsschriftstellerin der preußischen Hofgesellschaft, Henriette Paalzow, der dem Vorbild des spätromantischen Salons folgt. «Ich meinerseits», erinnert sich Alexander von Ungern-Sternberg, «gab mir Mühe, die Schriftstellerin Fanny Lewald, die sich damals gerade durch geistvolle Schöpfungen einen Namen machte, dort einzuführen, und diese, die das

Henriette Herz. Porträt
von Anton Graff, 1792

völlige Gegenteil der Frau Paalzow war, nämlich eine witzige, vielver-
sprechende, lebhafte junge Jüdin, fand wider Erwarten in diesem zere-
moniösen Salon Gnade.»[89] Sie ist Gast bei einer Matinee Fanny Hensels,
wie auch Franz Liszt, der ebenso wie sie im «Kometenjahr» 1811 gebo-
rene Musiker, den sie jedoch erst im Herbst 1848 näher kennenlernt. Der
jahrzehntelangen Freundschaft gedenkt sie 1887 in ihren *Erinnerungen an
Franz Liszt*. Bettine von Arnim – *das Sinnbild, das Ideal der weiblichen
Natur* [90], *Kind der deutschen nervenkranken Romantik* [91], reagiert zunächst
nicht auf Fannys inständige Bitte um eine Kontaktaufnahme:

Gnädige Frau!
    *Sie sind so ganz außer dem Bereich des Gewöhnlichen, daß ungewöhn-
lich dreiste Wünsche bei Ihnen hoffentlich eher Nachsicht finden, als bei jedem Andern. Ich hatte Ihnen gestern einen wohlstylisirten Brief geschrieben, der mir sehr viel Mühe machte, weil ich nicht Phrasen drechseln kann
und gern grade heraus sage, was ich zu sagen habe. Auch schien mir
Schmeichelei Ihnen – und auch meiner unwürdig. Ich ordne mich Ihnen so
tief unter, verehre Sie so sehr, daß ich von Ihnen eben so gern eine Gunst
fordre, als man sie sonst zu gewähren liebt. Ich habe den Roman Jenny geschrieben, den ich Ihnen hiermit übersende, und ich bitte Sie denselben von*

«Matinee bei Fanny Hensel»; erste Seite des eigenhändigen Manuskripts
von Fanny Lewald

mir als ein Zeichen wärmster Huldigung annehmen zu wollen. Dann
möchte ich die Erlaubniß von Ihnen erhalten, Sie kennen zu lernen. Für
beide Wünsche habe ich keinen andern Grund, als die Verehrung, die mir
Ihr Genius einflößt – keine Aussicht als die, daß Ihnen aus meinem Buche
eine Seele hervorgeht, die das Schöne liebt, das Wahre anbetet und für das

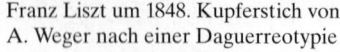

Franz Liszt um 1848. Kupferstich von
A. Weger nach einer Daguerreotypie

Bettine von Arnim. Zeichnung von
Wilhelm Hensel, wohl um 1855

*Recht heilig glüht. Daß ich in meinem Buche nicht im Stande war, das Ideal
zu erreichen wie es mir vorschwebte, hat mich betrübt, aber nicht mutlos
gemacht. Ich werde weiter danach ringen und wünsche, daß mein Streben
Ihre Theilnahme errege. Wäre das der Fall und Sie hielten mich der Gunst
würdig, um die ich Sie bitte, so bestimmen Sie mir eine Stunde, in der ich
Ihnen meine Aufwartung machen darf.*
   Mit vorzüglicher Hochachtung

Ihre ganz ergebene
Fanny Lewald[92]

So zwiespältig der Eindruck ist, den Begegnungen mit Karl August Varnhagen von Ense hinterlassen, dem sie im Gespräch wegen der *sarkasti-
schen Seite seiner Natur*[93] nicht unbefangen gegenübertreten kann, so frei
und ungezwungen gestaltet sich ein Jahr später der Umgang mit Berthold
Auerbach. Auf seinen unkonventionellen Antrittsbesuch vom Vortag
kontert Fanny am 19. April 1845 scherzhaft: *Was würden Sie sagen, wenn
ich Ihnen in aller Form ein Rendez-vous gäbe? [...] Und wenn Sie sehr gut
und sehr liebenswürdig sind, sage ich nicht Herr Doktor, sondern freund-
lichst – ohne obligates Salonlächeln, liebster Auerbach!*[94] Besonders gern
erinnert sie sich der Abende im Haus von Theodor Mundt und seiner
Frau Luise Mühlbach: *Wir waren damals alle zusammen ein fröhliches*

Karl August Varnhagen von Ense.
Anonymer Stahlstich

Berthold Auerbach.
Porträt von Julius Hübner, 1846

Theodor Mundt.
Lithographie von Schertle, um 1844

Luise Mühlbach.
Zeitgenössischer Stahlstich

Therese
von Bacheracht

Volk. Wir waren jung, wir hatten Freude an unsern Arbeiten, hatten die Gunst des Publikums für uns, standen um Scribes glücklichen Ausdruck zu brauchen, à la tête de la jeune phalange [an der Spitze der jungen Schar] und hatten [...] ein langes, langes Leben, ein weites Feld der Hoffnung vor uns. In so langer Zeit, in so weitem Felde, was war da unerreichbar? Was war da unmöglich? [95]

In diesem Kreise begegnet sie auch Therese von Bacheracht, ihrer intimen Freundin während der nächsten sieben Jahre. «Für ein Buch» [96] sieht Fanny Therese an, die unglücklich verheiratete Tochter des Diplomaten Struve, die den Schriftsteller Karl Gutzkow seit Oktober 1841 unglücklich liebt, Autorin von «Theresens Briefen aus dem Süden». Über die ungleichen Freundinnen, die schöne Therese und die geistreiche Fanny, urteilt der gemeinsame Bekannte Ungern-Sternberg: «Ein reges, etwas unbegreifliches Freundschaftsbündnis hatte sie mit Fanny Lewald geschlossen, ein anderes, mehr begreifliches mit einem unserer großen Literaturnamen. In ihrem Zimmer im Gasthofe kam man zusammen, nicht um Tee zu trinken, was schon als unzeitgemäß und veraltet betrachtet wurde, sondern um Koteletts zu verspeisen und Bier zu trinken. [...] Die alten, in ihrem guten Rechte bestehenden Teezirkel nannten diesen neuen, usurpatorischen Verein die Kotelettenbrüderschaft. Es war aber eine ganz angenehme Bruderschaft, und obgleich sie nur wenige Abende erlebte, kann sie doch auf Erinnerungsdank rechnen.» [97]

Karl Gutzkow. Lithographie
von Gutsch und Rupp

Von Fannys Seite wird die Freundschaft, nicht zuletzt wegen der bald
parallelen Lebensführung beider als Freundinnen verheirateter Männer,
stark idealisiert. Während sie gesellschaftlich von der Freundin durch
Kontakte und Protektion profitiert und häufig bei ihr wohnt, ist Therese
Fannys Freundschaft zuweilen eher lästig und in gesellschaftlicher Hin-
sicht hinderlich. In der Trennungsphase von Gutzkow hat Therese Ende
1848 jedoch eine Stütze an der Freundin, die sich dafür einsetzt, daß
Gutzkow sich öffentlich zu ihr bekennt: *Sie sind durch die Ehre an Therese ebenso fest gebunden als durch Gesetz an Ihre Frau. Geben Sie, da Sie
behaupten, Therese nicht mehr zu lieben, wie sie es wünscht, geben Sie ihr
statt der Liebe mindestens die Ehre vor der Welt.*[98]

Der Kontakt beider Frauen zueinander bleibt auch bestehen, als Therese nach der Scheidung von Bacheracht und der Heirat mit dem
Jugendgeliebten, ihrem Vetter Heinrich von Lützow, 1849 nach Java geht
und damit ihr bisheriges Leben ebenso hinter sich läßt wie Fanny
Lewald, die auf einer Badereise im Sommer 1844 überrascht feststellt: *Es
lag weit hinter mir, wie das Aschenbrödelkleidchen, das ich einst als Kind
getragen. Ich atmete freier, als ich noch vor wenig Jahren es für möglich gehalten hatte, ich fühlte, daß ich mich auf dem rechten, auf dem meiner Individualität angemessenen Wege befand.*[99] Am Ende dieser Reise, auf der
sie in Breslau Heinrich Simon nach elf Jahren wiederbegegnet und ihr
nunmehr rein freundschaftliches Verhältnis zu ihm klärt, kehrt Fanny

Der Gendarmenmarkt in Berlin um 1840

nach fünfzehn Monaten Abwesenheit im September 1844 zum letzten Mal als Gast in ihr Königsberger Elternhaus zurück. Am 2. Februar 1845 nimmt sie Abschied und bezieht in Berlin in der Markgrafen-/Ecke Kronenstraße ihre erste eigene, möblierte Wohnung, mit 33 Jahren «viel zu früh» und, da ohne entsprechende Bedienung, unschicklich in den Augen der bürgerlichen Welt. Fanny Lewald muß nun schreiben, um ihre lang erkämpfte Unabhängigkeit zu wahren, was sie gleichzeitig erschreckt und beflügelt. Nach Abschluß der *Lebensfrage* und einer weiteren Auftragsarbeit für Brockhaus (die Novelle *Ein armes Mädchen*) beginnt sie mit den Vorbereitungen für eine Reise nach Italien, ein Plan, der vom Vater und vom Vetter Heinrich Simon angeregt und unterstützt wird. Sie lernt Italienisch und tritt Mitte Juni 1846 in der ausbedungenen passenden Begleitung, einer fünfzigjährigen ledigen Berliner Handwerkertochter, über Süddeutschland und die Schweiz – wo sie in Interlaken zwei Wochen zusammen mit Therese verbringt – die Reise an. Von Vevey am Genfer See geht es ab dem 25. August der Route Napoléon folgend über den Simplon-Paß an den Lago Maggiore.

Ein Jahr in Italien und seine Folgen: römisches Duett mit Adolf Stahr

Wenn sie auch nicht so beschwerlich ist wie 1832 Fannys erste Reise, als allein die Strecke Königsberg–Berlin 72 Stunden in der Schnellpost in Anspruch nahm, stellt eine Italienreise 1845 – zumal für alleinreisende Frauen – ein exklusives Unterfangen dar, eine kosten- und zeitaufwendige Strapaze per Bahn, Dampfboot und Postkutsche, mit lästigen Paß- und Zollformalitäten und ungastlichen Hotels, wie Fanny Lewald anschaulich dokumentiert: *Schmutzige Hallen um den geräumigen, von allen vier Seiten durch das Haus begrenzten Hof, Wagen, Karren, Esel, Postillione, Vetturine und Stallburschen in lautem, lärmendem Streit, Koch- und Küchenjungen aus der unterhalb der Halle gelegenen Küche hervorlugend, die Töpfe, Tiegel und Löffel in den Händen, und alle diese im unerfreulichsten Zustande. In der Gaststube auf dem ungekehrten Estrichboden Hühner, die vor dem Regen Schutz suchten so gut wie wir und wie berechtigte Hausinsassen von der Wirtin betrachtet wurden.*[100] Und dennoch: *Italien umfing mich, Italien nahm mich in seinem Zauberring auf [...].*[101] Die mit gemischten Gefühlen angetretene Reise, die an den Stationen der klassischen Bildungsreise – Mailand, Genua, Florenz, Rom, Neapel und Umgebung, Sizilien – Stoff für ein *Italienisches Bilderbuch* in der Tradition Goethes «Italienischer Reise» ebenso wie Heines «Reisebildern» liefern soll, wird für Fanny Lewald in der Tat zur erhofften physischen und psychischen Erneuerung; sie eröffnet völlig neue Perspektiven des (Er-)Lebens.

Hier in Italien stellt sie erstmalig ihr Talent als Reiseschriftstellerin unter Beweis, bereichert ihre «rationalistische» Darstellungsweise um plastisches, bildhaftes Erzählen. Sie läßt den Leser ihre Begeisterung über die italienische Landschaft und Vegetation, das eigene sensitive Erleben nachempfinden, wie ein Maler den Bildbetrachter die eigene Perspektive bei Stadtansichten übernehmen läßt: *Wenn man das Ufer entlang [...] am Militärhospital vorüberfährt, so ist der erste Palast, der sich uns zeigt, der wundervolle Palazzo Doria. [...] Genua präsentiert sich am schönsten vom Meere aus. Der äußere Punkt des Hafenbaus ist die Lanterna vor dem Molo Nuovo. Von hier aus übersieht man die Stadt in ihrer*

Genua, Blick auf den Hafen

ganzen Majestät, wie sie sich amphitheatralisch mit ihren Reihen prächtiger Paläste über dem Meere erhebt.[102] Individuelle, ungewöhnliche Bilder – der Mailänder Dom wird mit Spitzengewebe, Weinreben werden mit koketten Frauen verglichen – machen den Reiz dieses bunten Italienberichts aus. Die lockere Verbindung kurzer Erzählsegmente in scheinbar ungezwungener Brief- oder Tagebuchform lebt von der Spannung zwischen subjektivem Erleben und objektivem Berichten, zwischen traditionellen Elementen der Reisebeschreibung, dem Pittoresken (so das Schwelgen in optischen und kulinarischen Genüssen und die Beschreibung bunter Volkstanz- und Marktszenen) und der politischen Dimension jungdeutscher Reisebilder. In der Absicht, *möglichst wenig von Kirchen und Bildern und möglichst viel von Land und Menschen*[103] zu erzählen, huldigt die Autorin nicht dem traditionellen Kunstenthusiasmus, sondern wagt ein eigenes, unorthodoxes Urteil in Fragen der Kunst und wendet den Blick nicht von den Mißständen des bereisten Landes ab: Sie sieht sozialen Niedergang, Aberglauben, Bettelwesen und feudalistische Abhängigkeit als Folge der Omnipräsenz und -potenz der katholischen Kirche. Die Begeisterung für Land und Leute führt zu einer kritischen Analyse des Nationalcharakters und über den Vergleich zu ungelösten politisch-sozialen Problemen in Deutschland. Fanny Lewald reist nicht oberflächlich, *um recht viel zu sehen*, sondern *um zu genießen.*[104]

Erst am 11. Oktober 1845 erreicht sie Rom, das eigentliche Ziel ihrer Reise, nach längeren Aufenthalten in Mailand, Genua und Florenz. Unterwegs knüpft sie Reisebekanntschaften, die zu langjährigen Freundschaften werden, so zu dem in Florenz lebenden Ehepaar Franz Sabatier und seiner Frau, der Sängerin Caroline Ungher. Sie meidet, wenn möglich, renommierte, kostspielige und unpersönliche Hotels und lebt statt dessen in der privaten Atmosphäre einer Wohnung. Sechs Monate lang ist die Via dei due Macelli No. 64 ihre Anschrift in Rom, eine Dreizimmerwohnung im zweiten Stock mit Bedienung, unmittelbar am Spanischen Platz, in einem Viertel, in dem sich die in dieser Saison besonders zahlreichen Romtouristen bevorzugt aufhalten. Mit Empfehlungsschreiben von zu Hause erhält Fanny, die sich in der Rolle der erfolgversprechenden Künstlerin gefällt, rasch Zugang zur deutsch-römischen Gesellschaft, die sich zum einen aus dem geselligen Kreis deutscher Künstlerfamilien und Gelehrter, zum anderen aus der vornehmen Adelsgesellschaft zusammensetzt. Zentren der deutschen Künstlerkolonie und Fannys erste Anlaufstationen sind die Schriftstellerinnen Adele Schopenhauer und Ottilie von Goethe, bald ebenso ihre engen Vertrauten wie die Baronin Emma von Schwanenfeld und Sibylle Mertens-Schaaffhausen, die beide ein offenes Haus führen. «Die Rheingräfin» Sibylle, Archäologin und Numismatikerin aus Köln, führt dienstags in ihrer Wohnung an der Fontana di Trevi «eine Geselligkeit großen Stils [...] im Winter 1845/46 bildete der künstlerisch-wissenschaftliche Salon

Rom. Teilansicht aus der Vogelschau, im Vordergrund die Piazza Colonna, links dahinter das Pantheon, jenseits des Tiber Petersdom und Engelsburg. Lithographie von L. J. Arnout, 1849

Adele Schopenhauer. Zeichnung von Alexander von Sternberg, 1841

Ottilie von Goethe. Pastellgemälde

der deutschen Frau einen der Hauptanziehungspunkte des römischen Fremdenverkehrs. [...] ‹Unter den gelehrten Abendzirkeln dieses Winters›, so heißt es in der Leipziger Allgemeinen Zeitung vom 5. Januar 1846, ‹sind diejenigen die besuchtesten und von Seiten der Besucher die interessantesten, welche Madame Mertens aus Köln [...] zu geben pflegt. Außer den hier lebenden deutschen Zelebritäten finden sich dort die berühmtesten italienischen Literaten, auch Engländer und Franzosen ein. Ein Klub dieser Gattung ist in unserem Rom eine außerordentliche Seltenheit, weil man hier nicht daran gewöhnt ist, die Frauen auf gleichem geistigem Niveau mit den Männern stehen zu sehen.›»[105]

In dieser Umgebung begegnet Fanny Lewald am 25. November[106] dem Oldenburger Gymnasialprofessor Adolf (Wilhelm Theodor) Stahr. Sein Name ist Fanny als Hauptmitarbeiter an den «Hallischen Jahrbüchern» nicht unbekannt. Aus gesundheitlichen Gründen, ein «Halsübel», eine chronische Reizung des Kehlkopfs, die ihn bald zur Aufgabe seines Lehrberufs zwingen wird, hält sich der aus Prenzlau in der Uckermark Gebürtige, ältester Sohn von Johann Adam Stahr, Feldprediger, Erzieher, Dolmetscher und schließlich Pfarrer in Wallnow bei Prenzlau, und der Predigertochter Karoline Beate Stahr, geb. Puder, bereits seit Anfang Juni in Italien auf und entflieht damit zum erstenmal den engen und strengen Verhältnissen, die sein Leben bisher bestimmt haben. Früh zum Studium bestimmt, vom autoritären und zum Jähzorn neigenden Vater

Sibylle Mertens-Schaaffhausen.
Zeichnung von A. Schlesinger

bis zum Alter von vierzehn Jahren im Selbstunterricht erzogen, kompensiert der «gelehrte Pfaffenjunge»[107] seine angeborene körperliche Schwäche mit frühreifer geistiger Entwicklung und übermäßiger Leselust: Er lernt bereits im ersten Lesealter Latein und Französisch, liest mit zwölf Jahren Gedichte und Romane Goethes. Seine Ausbildung muß er mit knappen Geldmitteln bestreiten; bereits mit 21 Jahren wird er Hilfslehrer, dann ordentlicher Lehrer am Königlichen Pädagogium in Halle, wo er 1829 die sechzehnjährige Marie Krätz kennenlernt und im Mai 1834 heiratet. Mit nur 400 Talern Jahresgehalt bestreitet er den Unterhalt einer bald siebenköpfigen Familie (drei Söhne, Alwin, Adolf und Edo, zwei Töchter, Anna und Helene) in Oldenburg. «Wenn ich [...] mich frage, was ich eigentlich lebenslang als das höchste Gut ersehnt habe, einmal frei mein eigener Herr zu sein»[108], gesteht er später Fanny Lewald. Wirkt er auf sie zunächst *pedantisch, kleinstädtisch, schulmeisterlich*[109], so erscheint sie ihm, die ihm bereits bei früherer Gelegenheit aufgefallen war, wegen ihrer «edlen, scharf geschnittenen, nach dem Orient hindeutenden Züge»[110] wie eine schöne Römerin. «Wenn ihre Dichtungen nur halb so interessant sind wie ihre persönliche Erscheinung, deren ganzes Wesen den Stempel der edelsten Wahrheit und Natürlichkeit aufzeigt, so verdienen sie das Lob vollkommen, das ihnen von allen, welche dieselben kennen, gespendet wird»[111], schreibt Stahr im Januar 1846 an seine Familie zu Hause. Aus Vorurteilen gegenüber schreibenden Frauen hat er sich bislang hartnäckig geweigert, ihre Romane zu lesen. Fannys selbstbewußtes, emanzipiertes Auftreten verblüfft ihn, ihre unverblümte Aufforderung an den während einer Unterhaltung neben ihr Stehenden – *Herr Professor, wenn ich noch weiter mit Ihnen sprechen soll, so setzen Sie sich! Für eine Salon-Konversation will ich mir den Nacken nicht verdrehen!*[112] – empört ihn und die offenkundige Neigung der sozialen Aufsteigerin für die Gesellschaft befremdet ihn. Auch Fannys Haltung ihm gegenüber ist zunächst zwiespältig; sein leicht aufbrausendes Temperament, häufige Zurechtweisungen und vorschnelles Tadeln ihrer Handlungsweise, seine Verurteilung ihrer Vorliebe für

Adolf Stahr. Zeichnung von Elisabeth Baumann-Jerichau, 1846

Heine stoßen sie ab. *Und doch tat mir die Art und Weise, mit der Stahr mich behandelte, wohl. Ich hatte das Gefühl, daß er – was ich ja immer von den Männern gefordert und fast immer vergeblich gefordert hatte – mich wie einen vernünftigen Menschen behandle.*[113] Es ist keine Liebe auf den ersten Blick. Stahr vermißt Frau und Kinder, Fanny verkehrt viel in der Gesellschaft des früh verwitweten Landschaftsmalers Louis Gurlitt, man hält sogar eine Heirat zwischen ihr und Gurlitt nicht für ausgeschlossen, eine Zweckgemeinschaft, zu der beide allerdings keine rechte Neigung verspüren. Erst ab Weihnachten 1845 wird die Beziehung zwischen Lewald und Stahr enger, Fanny kümmert sich fürsorglich um den plötzlich an Fieber Erkrankten. Ab Neujahr sieht man sich fast täglich, wechselt

Fanny Lewald. Gemälde von Elisabeth Baumann-Jerichau, 1846

schon am frühen Morgen Briefe zwischen der Piazza Poli (der Wohnung Stahrs) und der Via dei due Macelli, trifft Absprachen für gemeinsame Besichtigungen und Ausflüge, zusammen mit Freunden wie Hermann Hettner, Stahrs Wohnungspartner, und Fannys Begleiterin. Zu dem Kreis gehören auch Gurlitt, die Malerin Elisabeth Baumann und ihr späterer Mann, der Bildhauer Adolf Jerichau. Fast unmerklich geht das freundschaftliche Verhältnis, in dem beide sich ergänzen, gegenseitig beeinflussen und voneinander profitieren, in Liebe über. Seine klassische Bildung des *wirklichen Wissens* imponiert ihr und ergänzt ihre eigene rudimentäre des *zufälligen Könnens*[114], er liebt an ihr *die Heiterkeit meiner Seele, die Ruhe meiner Natur, den ordnenden Verstand*[115], die ausglei-

Ausflug nach Roma Vecchia. Zeichnung von Cornelius Gurlitt, 1846.
Neben dem zeichnenden Louis Gurlitt sitzt Fanny Lewald, links stehend
Adolf Stahr, rechts auf dem Stein Hermann Hettner

Adolf Stahr,
Silhouette
von 1853,

chend wirken auf seine reizbare, hypochondrische Natur. *Ihm helfen, ihn erquicken, heilen und herstellen hatte ich wollen – und wohin waren wir geraten? – Er, der mich nicht lieben wollte, nicht lieben durfte, gerade er liebte mich! Und ich liebte ihn mit aller meiner Kraft*[116], stellt Fanny Anfang Februar 1846 überrascht fest. Die Initiative geht nicht von ihr aus. Im Gegenteil, Stahrs drängendem Werben ab Ende Januar weicht sie zunächst aus und verweist ihn mit Hinblick auf seine familiäre Situation rigoros in seine Schranken; seinen teils lyrischen Bekenntnissen schenkt sie kein Gehör und ernüchtert den Verliebten in ihrer spröden Art. So lautet ihre *Antwort auf eines schlechten, undankbaren Vogels Klage gegen eine edle Seele: Staar sing nicht! mach den Schnabel zu*[117]. Fannys am Abend des 4. Februar spontan vorgebrachte Aufforderung, Stahr möge nach dem Weggang des Freundes Hettner doch noch bei ihr bleiben – in seinen Augen eine unmißverständliche Liebeserklärung nach all der Fürsorge, die sie ihm in den letzten Wochen zuteil werden ließ – ist schließlich der Zufall, der beide zusammenführt. Nachdem Fanny sich zunächst zögernd auf die Beziehung einläßt, die sie mehrmals zu beenden sucht, ist sie schon bald überzeugt, *daß ich jetzt die glücklichste Zeit meines Lebens lebe*[118]. Ohne Aussicht auf eine gemeinsame Zukunft mit Stahr genießt sie jeden Augenblick des Zusammenseins: *Wenn mich die Zeit nach Tagen zu kurz dünkt, die dieser Nachfrühling unseres Lebens zu dauern*

und Fanny Lewald,
Zeichnung aus dem
Nachlaß

hat, dann berechne ich es nach Stunden und denke mit Wonne, wie viel Liebes, Hohes, Schönes eine Minute enthalten kann.[119]

Die leidenschaftliche Liebe zu Fanny Lewald läßt den Schulmeister Adolf Stahr zum Lyriker werden, wie seine Gedichtsammlung «Ein Stück Leben» (Berlin 1869) beweist. Zahlreiche Gelegenheitsgedichte an sie, seine «Einzige» (Titel eines Gedichts zu Weihnachten 1862), dokumentieren das Auf und Ab der Beziehung in den folgenden neun Jahren. Bis zum zufriedenen «Ruhig bei Dir! Welch ein Glück» nach der Eheschließung am 6. Februar 1855 vergeht noch viel Zeit. Als Stahr am 29. April 1846 Rom verläßt, um zu seiner Familie zurückzukehren, sehen beide keine Aussicht auf eine gemeinsame Zukunft. *Zuletzt, nach all dem Glücke, wird es traurig,* schreibt Fanny am 28. April an Stahr in ihrem letzten Brief vor der Trennung. *So ganz ich zu entsagen verstehe mit sicherer Kraft im Gefühl der Pflicht – so voll hätte ich zu geniessen und zu beglücken gewußt aus dringender Liebe, wenn es uns geworden wäre, für ein Ander leben zu dürfen.*[120] Der Tag der Abreise erscheint Stahr als «Tag der Hinrichtung»[121]; bitter gesteht Fanny Lewald ihrer Freundin Emma von Schwanenfeld, daß sie nun endgültig jede Hoffnung auf privates Glück aufgibt, für das ihre Arbeit, ihr schriftstellerischer Erfolg und ihre Unabhängigkeit als einziges Surrogat dienen; *ich wollte Hundert gegen Eins wetten, daß ich aus der Welt gehen werde, ohne nur einen Moment von Glück gekannt zu haben*[122]. Doch sie täuscht sich. Die Verbindung zu Stahr reißt nicht ab. An die Stelle des Zusammenseins tritt allerdings – mit Ausnahme einiger gemeinsam verbrachter Wochen und Monate auf Reisen oder bei Fanny in Berlin – über Jahre der Trennung hinweg die schriftliche Kommunikation. Hunderte zwischen beiden in der Zeit von 1846 bis 1852 gewechselte Briefe im Nachlaß der Autorin belegen: *Briefeschreiben ist ein so trauriges Surrogat für sprechen; man muß gewohnt gewesen sein, sein bestes Stück und sein bestes Teil vom Leben auf dem Papier zu leben, um die Unzulänglichkeit dieses Notbehelfs ganz zu ermessen.*[123]

Kurz nach Stahrs Abreise verläßt auch Fanny Lewald am 10. oder 11. Mai 1846 Rom, allerdings in Richtung Süden mit dem Ziel Neapel, wo sie am 1. Juni die Nachricht vom plötzlichen Tod ihres Vaters erhält. Völlig verstört, mit fahriger Hand schreibt sie an Emma Schwanenfeld: *[...] finde die Nachricht – daß mein Vater plötzlich gestorben ist. Ein Gottmensch! vollkräftig, gesund. Ein Engel für seine Kinder [...]. Fassen kann ich's nicht, auch nicht mich zu irgend was zu entschliessen. Wir sind allein auf der Welt. Und ich hab ihn nie nie mehr gesehen. Ich habe ihn so gränzenlos geliebt.*[124] Auf Anraten der Freundin und deren Mann gibt sie den Plan einer vorzeitigen Rückreise auf: Zur Beerdigung käme sie ohnehin viel zu spät, und ihr Bruder Otto regelt bereits alle Familienangelegenheiten, wie den Verkauf des Elternhauses und des väterlichen Geschäfts. So führt sie mit Stationen auf Ischia im Haus der Schwanenfelds, auf Sizilien und in Castellamare bei Neapel die Materialsammlung für ihr

Ischia. Ansicht von Nordosten. Gemälde von Alessandro d'Anna

Italienbuch zu Ende. Doch der Verlust des Vaters und die Trennung von Stahr überschatten die Eindrücke. Am 11. September tritt Fanny Lewald schließlich in Begleitung des jungen Gardeleutnants Bernhard von Lepel die Rückreise in eine – angesichts der Sorge um fünf jüngere Schwestern, die nicht wie sie gelernt haben, ihr Leben selbst in die Hand zu nehmen – ungesicherte Zukunft in Berlin an, wo sie im Oktober eintrifft. Als die Wohnungsfrage gelöst ist – vorübergehend lebt Fanny mit zwei Schwestern, Marie und Henriette, zusammen, bis diese im Haushalt Ottos ein Unterkommen finden; die übrigen leben bei Verwandten in Königsberg und Berlin und verheiraten sich in den folgenden Jahren –, trifft die Geschwister der nächste Schicksalsschlag: Am 31. Januar 1847 stirbt Bruder Moritz überraschend in Tiflis. Die finanziellen Verhältnisse gestalten sich schwierig; wegen herrschender Geldnot verkaufen sich die Königsberger Immobilien schlecht, nur jeweils 200 Taler Zinseinnahmen entfallen jährlich auf die Schwestern. Diesem Betrag stehen Fannys schon knapp kalkulierte Lebenshaltungskosten von 700 bis 800 Talern gegenüber, erst in ferner Zukunft – durch Erbschaften von Verwandten – ist mit höheren Einnahmen für die unversorgten Schwestern zu rechnen. *Ich bin also doch auf den Erwerb angewiesen [...], was einer Seits gut, anderer Seits schlimm ist! [...] also Nichts als die innere Fundgrube, die hoffentlich noch eine Weile ausreicht.*[125]

Der Winter 1846/47 stellt eine äußerst produktive Arbeitsphase dar: *Niemals hatte ich mich so völlig Herr über alle meine Kräfte gefühlt, als*

Bernhard von Lepel.
Selbstbildnis,
Bleistiftzeichnung für
Theodor Fontanes
«Tunnelalbum», 1851

seit ich Adolf liebte. Ich hatte täglich neue Arbeitspläne.[126] Gleichzeitig
arbeitet Fanny an ihrem *Bilderbuch*, einem historischen Roman über
Prinz Louis Ferdinand von Preußen, zu dem ihr Varnhagen Material zur
Verfügung stellt, an Aufsätzen für die Zeitschrift «Grenzboten», einer in
Auftrag gegebenen Novelle, einem bereits in der Schweiz angefangenen
Briefroman *Liebesbriefe. Aus dem Leben eines Gefangenen*, der bis zu
seinem Erscheinen 1850 zahlreiche Umarbeitungen erfährt, und an einer
Satire auf Ida Hahn-Hahns Roman «Sibylle» – *Diogena*, die unter dem
Pseudonym «Iduna, Gräfin H… H…» erscheint und nach dem Bekannt-
werden der Autorschaft Fanny Lewalds, die diese wohl aus Schutz vor
gesetzlichen Angriffen[127] geheimzuhalten suchte, noch im gleichen Jahr
(1847) eine Neuauflage erfährt. Fälschlicherweise werden persönliche
Differenzen der beiden Frauen, «sprichwörtlich gewordener Weiber-
Neid»[128] als Motiv angenommen, doch Fanny Lewald karikiert in ihrer
amüsanten und originellen Kultursatire die in ihren Augen antidemo-
kratische und aristokratische Tendenz, empfindsame Weltfremdheit und
Sprachmengerei der Romane Ida Hahn-Hahns. Ihre Titelheldin Diogena ist eine Wahlverwandte von Hahn-Hahns Titelheldinnen «Fau-

stine», «Clelia Conti», «Ilda Schönhölm» – in der Tradition von George Sands «Lélia» eine *immense Seele, aber leer* [129]; die erfolglose Suche nach sich selbst und dem «Rechten» (ebenfalls ein Roman Hahn-Hahns) treibt sie in ihrer Abenteuerlust in alchimistische Forschungen und in die Wildnis Nordamerikas, bis sie schließlich im Wahnsinn endet. Lewalds Kritik der an französischen Fremdworten reichen Sprache Hahn-Hahns – *in meinen Augen eine wahre Sünde gegen den heiligen Geist unserer edlen Muttersprache* [130] – hat durchaus eine politische Funktion: die bürgerlich-emanzipatorische Kritik an der Ständegesellschaft nach französischem Vorbild, die Patrioten seit der Französischen Revolution die den Adel imitierende Sprechweise verachten und das Deutsche als Symbol eines sprachlichen Befreiungskampfes von politisch-sozialen Normen verwenden läßt. Mit *Diogena*, die Fanny Lewald in Abänderung ihrer ursprünglichen Idee einer knappen Kritik auf Anregung von Stahr in kaum zwei Wochen niederschreibt, gelingt ihr endgültig der literarische Durchbruch. Der Versuch eines männlichen Gegenstücks zu *Diogena* im Februar 1865 fällt nicht zur Zufriedenheit der Verfasserin aus, obwohl ihr die satirische Schreibweise durchaus liegt und auch ihrem oft scharfen, beißenden Witz entspricht.

Revolution (1848):
Die Republikanerin und Sozialistin

Den Jahreswechsel 1847/48 verlebt Fanny Lewald in Oldenburg in der Nähe Stahrs und findet über Thereses Vater, den russischen Gesandten von Struve, Eingang in die dortige Gesellschaft. Über einen ihr, dem berühmten Gast, zu Ehren veranstalteten Abend berichtet die Presse: «Es waren heitere, sehr angenehme Stunden, die uns durch Fräulein Lewald's geistreiche Unterhaltung auch viel Belehrendes boten. Die große Summe der Anschauungen ihres reichen Lebens, die außerordentliche Leichtigkeit ihrer Umgangsart hätte uns Kleinstädter sehr imponirt, wenn sie uns nicht erfreut und bei der Einfachheit der höchst gebildeten Sprache uns zugleich à notre aise [über unsere Verlegenheit hinweg] gesetzt hätte.»[131] Am 28. Februar reist sie ab, um zusammen mit Therese Paris, das bei liberalen Deutschen seit 1789 revolutionäre Sehnsucht geweckt hatte, im «Gewitter» der Revolution zu erleben. Als sie am 10. März dort eintrifft, haben sich die Unruhen vom 22. bis 24. Februar gelegt, in deren Folge Studenten, Arbeiter und Nationalgarde die Abdankung des Bürgerkönigs Louis Philippe erzwingen, die Republik ausrufen, das allgemeine Wahlrecht und das Menschenrecht auf Arbeit durchsetzen; doch bei jedem Schritt wird sie an die Ereignisse erinnert. Erste Eindrücke in ihren *Erinnerungen aus dem Jahre 1848*, ursprünglich eine Sammlung nicht für die Publikation gedachter Briefe an Freunde wie Stahr, Jacoby u. a., Augenblickseindrücke eines vierzehntägigen Aufenthaltes, die aufgrund der Lebendigkeit und Genauigkeit der Darstellung sowie der leidenschaftlichen Neugier der Betrachterin zu einem wichtigen Zeitdokument werden, schildern die Physiognomie der Stadt, Zerstörungen und Reste von Barrikaden. Am 17. März wird sie Zeugin des «größten friedlichen Aufstandes, von dem je eine große Stadt Zeuge gewesen ist»[132]: *Man kann sich den Eindruck dieser Volksmasse nicht überwältigend genug denken. Hunderttausend Männer, größtenteils Arbeiter; vor jedem Gewerk die dreifarbige Fahne mit der Inschrift: Message de la nation [Volkskundgebung]! Zu zehn gingen sie, mit den Armen ineinander greifend. Die meisten trugen Blousen, manche Gewerke bürgerliche Kleidung. Väter hatten ihre Knaben an den Händen oder auf den Armen; einzelne Frauen gingen mit den Männern Arm in Arm. An vielen*

Blousen schimmerten militairische Ehrenzeichen. Schüler der polytechnischen Schule, Marinesoldaten und Offiziere, zahlreiche Priester, besonders irische, befanden sich in dem Zug unter dem Volke. Sie sangen die Marseillaise, [...] die neuen Volkshymnen durcheinander. Die Refrains [...] tönten abwechselnd an unser Ohr. [...] Alle Fenster waren voll Menschen; aus vielen schwenkte man begrüßend die dreifarbige Fahne, oder band rothe, blaue und weiße Taschentücher zusammen, die man hinausflattern ließ. Auf den Balkons der Restaurants standen die Männer zusammengedrängt, die Hüte schwenkend, mit den Händen grüßend, zuwinkend. [...] Ein nicht zu schildernder, kaum erfaßbarer Eindruck.[133] Anders als bei der Italienreise dominiert das politische Interesse. Bemerkenswert im Vergleich mit anderen Paris-Berichten ist Lewalds liberale Haltung dem Volk gegenüber, das doch auch im Kampf um die Rechte des vierten Standes dem dritten Stand, dem Bürgertum, Vorrechte streitig macht. *Das Volk hat sich bewunderungswürdig benommen,* versichert sie, *darin kommen Alle überein. Nirgends hat man geraubt, nirgends Etwas entwendet.*[134] Mit zahlreichen Beispielen und Anekdoten belegt sie die Höflichkeit der Barrikadenkämpfer. *Indessen das glauben die Reichen nicht. Sie wollen sich fürchten vor ihren armen Mitbürgern, sie wollen sie für Diebe halten und machen sie dazu.*[135] Fanny Lewald nimmt eindeutig Partei für die Notleidenden und Unterprivilegierten. Ein bald darauf von ihr in den «Grenzboten» veröffentlichter Artikel *Die brotlosen Arbeiter* stellt in Übereinstimmung mit dem französischen Revolutionär Saint-Just die Befriedigung der elementaren Bedürfnisse als ein Recht des Volkes dar.[136] Sie hält eine Revolution im Sinne einer sozialen Umgestaltung für unerläßlich, wenn sie sich nicht durch evolutionäre Präventivmaßnahmen vermeiden läßt: *Dieser Kampf der Nichtbesitzenden gegen die Besitzenden war es, der mir als eine unausbleibliche Gewißheit vor der Seele schwebte, lange ehe diese jetzige Revolutionszeit in unseren Gesichtskreis getreten war. Nun ist er hereingebrochen, und man weiß ihm nicht anders zu begegnen, als mit der Macht der Bajonette, mit den Kugeln der Kanonen. Kann man denn die Hälfte der Menschheit todtschießen? Kann man die Menschen zwingen wollen, schweigend die Noth zu ertragen, die ihnen unerträglich geworden ist?*[137] Die Befürchtung ihrer Novelle *Der dritte Stand* – eine Revolution von unten – wird wahr. So sehr sich auch Lewalds Hoffnungen nach individueller Freiheit, nach Republik und Demokratie an diese Revolution knüpfen – wobei sie sich nicht zuletzt «gleiche politische und bürgerliche Rechte für alle religiösen Glaubens-Bekenntnisse» erhofft, wie es der preußische König Friedrich Wilhelm IV. am 21. März in seinem Aufruf «An mein Volk und an die deutsche Nation» versprochen hatte[138] –, so skeptisch bleibt sie doch gegenüber *dem Gedanken an gewaltsame Umwälzungen, an Blutvergießen*[139] und der Aussicht auf Erfolg. Enttäuscht stellt sie Anfang April nach ihrer Rückkehr nach Berlin, wo nach dem Barrikadenaufstand am 18. März der König ein liberales

Extra-Blatt zur Bremer Zeitung.

Montag, den 20. März 1848.

Bremen, 20. März, Vormittags 10½ Uhr. Den nachstehenden, so eben eintreffenden Brief aus Berlin, beeilen wir uns sofort zur Kenntniß unserer Leser zu bringen:

§§ Berlin, 18. März, Abends 11 Uhr. Berlin ist im vollen Aufstande. Ein unglückliches Ereigniß hat den Jubel in Trauer verwandelt. Um 2½ Uhr sprach der König vom Fenster heraus mit den auf dem Schloßplatz versammelten Bürgern, größtentheils von den Schutzkommissionen, als plötzlich zwei Schwadronen Dragoner einen Angriff auf die versammelten Bürger machten und zu gleicher Zeit eine Kompagnie unter sie schoß. Dieser meuchelmörderische Angriff, den Niemand ahnte, kostete, wie man sagte, einigen zwanzig Bürgern das Leben. — Die übrigen suchten sich zu retten, aber Rache und Wuthgeschrei erfüllte die Stadt. In zwei Stunden war Berlin voll Barrikaden, alle Waffenläden wurden erbrochen, viele tausend Arbeiter und Bürger rissen das Pflaster auf, stürzten Wagen um und wer Waffen besaß, begann das Gefecht, das von 2 Uhr an an allen Punkten ausbrach. — Der Polizei-Präsident und mehrere Magistratspersonen beschworen den König die Truppen aus der Stadt zu weisen, der König erklärte, lieber wolle er sich unter den Trümmern des Schlosses begraben lassen. Die acht Bataillone welche in der Nähe Berlins lagern, sind herbeigerufen, haben aber bis jetzt nicht in die Stadt eindringen können, da der Steinhagel von den

Dächern und Büchsenschützen hinter den Barrikaden ihnen die Wege versperrten. — Das Kartätschenfeuer der Artillerie hat nichts geholfen, dem Gerüchte nach sind um 7 Uhr die Gardeschützen, zum Theil zum Volk übergegangen eben so ein Theil der Dragoner. Mehre Bataillone Infanterie haben einen Vertrag geschlossen, ihre Waffen nicht zu gebrauchen. Es ist viel Blut geflossen. Fünfzehn hundert mit Büchsen bewaffnete Bürger und Studenten haben die Linden und die daran stoßenden Straßen mit Tapferkeit vertheidigt. So haben wir denn den Bürgerkrieg in seiner ganzen Furie und niemand weiß, wie es enden wird. Mit jedem Augenblick schwinden die Hoffnungen auf Vermittlung und Versöhnung. Schwarz-roth-goldene Fahnen wehen in allen Straßen und die dreifarbige Kokarde ist an allen Hüten.

Den 19. März, früh. Nachdem Soldaten und Volk die Nacht über ihre Stellungen behauptet haben, scheint heute die Ordnung zurückkehren zu wollen. Der König hat eine Proklamation erlassen, worin er einem Irrthum, der vom Volke hervorgerufen worden sei, die Schuld der beklagenswerthen Ereignisse beimißt. Die Soldaten können er nicht aus der Stadt ziehen, sie reizen ihm unentbehrlich, dagegen wird zur Ruhe und Ordnung ermahnt. Das Schießen hat ganz aufgehört. — Ich will versuchen meinen Brief auf die Eisenbahn zu bringen, gestern hatte alle Möglichkeit dazu aufgehört.

Extrablatt der «Bremer Zeitung», 20. Marz 1848

Ministerium einberufen und unter dem Druck des Volkes eine Nationalversammlung zur Beratung einer Verfassung sowie die Lösung der nationalen Frage in Aussicht gestellt hatte, die Unentschlossenheit und politische Unreife ihrer Landsleute fest: *Das Schlimmste ist, daß Niemand ein festes Ziel vor Augen hat,* schreibt sie am 6. August 1848 an Heine in Paris. *Man hat die Republik en horreur [verabscheut die R.]! den einigen deutschen Kaiser hält man für den geistigen Untergang, für den Tod der Intelligenz in Deutschland; die acht und dreißig Souveraine für ein Unglück; den Socialismus für Utopien – man will also das Alles nicht! man läugnet, man negirt es u. sieht sich mit diesen Negationen lauter positiven Nöthen gegenüber [...].*[140] Als Besucherin der Frankfurter Paulskirchenversammlung im Herbst 1848 nimmt sie regen Anteil an der politischen Gestaltung Deutschlands; in ihren *Erinnerungen* berichtet sie vom Parteienstreit und liefert Porträts der Abgeordneten, zu denen auf der äußersten Linken ihre Freunde Jacoby und Simon gehören, um deren Sicherheit sie angesichts des Siegs der Reaktion bald bangt: *Ich sage mir oft, Sie, Heinrich Simon u. Andere sind so besonnen, um an ein Experiment, an die Durchführung einer für jetzt unfruchtbaren Idee, eine Nation u. ihre Zukunft zu wagen. – Ich sage mir, Sie halten es für Ihre Pflicht, dem Volke als «Beispiel der Möglichkeit» eine Centralgewalt zu zeigen, die keine Für-*

Große Barrikade vor dem köllnischen Rathaus zu Berlin in der Nacht vom 18. zum 19. März 1848. Holzstich nach einer Zeichnung von J. Kirchhoff

stenkrone zum Schirme hat. […] Aber mein theurer Freund! n o c h hat das Volk die Idee, die Freiheit, das Recht, im entscheidenden Augenblicke i m m e r seinem materiellen Vortheil geopfert, immer die Vertreter dersel-ben im Stich gelassen. Wird es jetzt zu Ihnen halten?[141]

Das Jahr 1848 hat ein nachhaltiges Echo bei Fanny Lewald hinterlas-sen. In Paris macht sie endlich die persönliche Bekanntschaft Heinrich Heines. *Sie sind ein ganz entschiedenes, für sich gesondertes Element mei-*

Heinrich Heine.
Gemälde von
Moritz Oppenheim,
1831

ner, in stiller Prosa, dürftigen Jugend gewesen. Ihr Buch der Lieder hat mir die sonnigsten Mährchen an den sehr engen Horizont jener Tage gemalt, gesteht sie ihm kurz darauf in einem Brief.[142] Fanny Lewald teilt Heines engagierte Kunstauffassung, seine Sprache und seine Schriften – das «Buch der Lieder» ebenso wie «Französische Zustände» und seine «Reisebilder» – haben für sie Vorbildcharakter; sie sind ebenso Gesprächsgegenstand in ihren Schriften wie seine Person, die für sie zeit seines Lebens dichterische und moralische Autorität bleibt, die sie auch gegen den Vorwurf der Bestechlichkeit als Pensionär der französischen Regierung in Schutz nimmt. Nach weiteren persönlichen Begegnungen 1850 und 1855, bei denen in freundschaftlicher Atmosphäre die unterschiedlichsten künstlerischen, ethisch-philosophischen und religiösen Themen diskutiert werden, widmet sie ihm später ihre *Erinnerungen an Heine*.

Die andere *der beiden Personen, welche ich am lebhaftesten in Paris zu sehen gewünscht*[143], George Sand, trifft Fanny Lewald allerdings nicht an. Eine persönliche Beziehung zu ihr, mit der bereits die zeitgenössische Kritik, allen voran Adolf Stahr[144], sie gern vergleicht, hat zu keinem Zeitpunkt bestanden, das Verhältnis Fanny Lewalds zu ihr bleibt nach an-

72

fänglicher Bewunderung zeitlebens zwiespältig. Die Aussagen Lewalds zu Werk und Person der Französin sind zahlreich und hinterlassen ein disparates, vielfach widersprüchliches Bild. Anspielungen in Romanen und Erzählungen, eine noch im Nachlaß befindliche handschriftliche Rezension lassen auf eine langanhaltende Auseinandersetzung schließen. Insbesondere zwei Romane Lewalds, *Der dritte Stand* und *Das Mädchen von Hela*, zeigen deutliche Anklänge an George Sands Sozialromane «Le Compagnon du Tour de France» und «Jeanne». Parallelen dokumentieren sich in Grundthematik, Figurenkonstellation, Motivik und zum Teil in der Darstellungsform, doch *so oft auch Personen, welche George Sand und mich in unseren Arbeiten nicht recht gekannt haben müssen, mich mit ihm zu vergleichen und mich als einen Nachahmer zu bezeichnen beliebt haben, bin ich dieses letztere doch niemals gewesen und habe es nicht sein können. Dazu waren der Boden, von dem wir ausgingen, dazu waren unsere Anlagen und unsere religiösen und sozialen Anschauungen schon viel zu sehr voneinander verschieden.*[145] Auch wenn sich Fanny Lewald in diesen Jahren zum «Sozialismus» bekennt, so meint sie damit lediglich assoziative Zusammenschlüsse, Vereine, Genossenschaften und Selbsthilfeorganisationen, die der politische Liberalismus als Lösung der Arbeiterfrage ansieht, eine für den Mittelstand auch durchaus erfolgreiche Konzeption. Wenngleich kleine Kaufleute und Handwerker mit genossenschaftlichen Krediten ihre Betriebe modernisieren konnten, fehlte Fabrikarbeitern jedoch jede Voraussetzung und Möglichkeit zur selbständigen Führung von Unternehmen ohne Hilfe von außen, was Arbeiterführer wie Ferdinand Lassalle später klar erkennen. Fanny Lewald ist der Ansicht, daß *in der Lösung aller socialen Aufgaben [...] das praktisch ausgeführte Beispiel immer mehr als die gründlichst entwickelte Theorie*[146] vermöge. George Sand orientiert sich wesentlich stärker an sozialen Theorien, zum Beispiel denen des Saint-Simon-Schülers Pierre Leroux; sie hinterfragt bestehende Eigentumsverhältnisse und demonstriert ein Klassenbewußtsein, das den vierten Stand als Triebkraft der industrialisierten Gesellschaft betrachtet.

Fanny Lewalds durch und durch bürgerlich-liberale Haltung zeigt sich auch in ihrer Revolutionsnovelle *Auf rother Erde*, die sie im Sommer 1849 bei einem Aufenthalt in Bad Pyrmont in Westfalen schreibt und die die ländliche Revolution von 1848 zum Gegenstand hat. Das Verhalten des Vertreters der freien Bauernschaft, Kunz Schmidt, der für die Abschaffung bäuerlicher Militärpflicht und die Einführung einer Landwehr, Übertragung von Offizierspatenten an Bauern und Abschaffung adeliger Privilegien plädiert und treuer Verfechter eines geeinten deutschen Kaiserreiches ist, dokumentiert, daß keineswegs die Staatsordnung umgestoßen, sondern das alte Bauernrecht eingesetzt werden soll. Fanny Lewalds Haltung zum bürgerlichen Abgeordneten in der Figur von Schmidts Gegenspieler, dem Fabrikanten Werder, zeigt ihre Enttäuschung über die geringe Wirksamkeit der Paulskirche als «Rednerparlament», das mehr unterhandelt als handelt.

Enttäuschung über die fehlgeschlagene Revolution in Deutschland spricht aus einigen Schriften Fanny Lewalds. Auf ihrer Englandreise im Mai bis August 1850 manifestiert sich Lewalds Vaterlandsliebe: *Ich hätte nie geglaubt, daß ich Liebe für ein Land, daß ich Vaterlandsliebe hätte. An meinem Schmerz über die Mißachtung Deutschlands lerne ich es einsehen, daß ich mich getäuscht und daß ich mein Vaterland liebe.*[147] Die Auseinandersetzung mit der Historie Englands als Nationalstaat lenkt immer wieder den Blick zurück auf das Deutschland nach der gescheiterten Revolution: *[...] und aus Deutschland ist noch Nichts geworden. Es ist noch immer ein wüstes Durcheinanderstreiten der Volks- und Fürstenstämme, die immer noch im Vaterlande das Vaterland suchen und unter fremden Völkern immer noch keine nationale Anerkennung und Vertretung gefunden haben.*[148] Lewalds Begeisterung über England als *dem Staate, der allein in Europa sich stark genug fühlt, den verbannten Republikanern und Socialisten einen Zufluchtsort zu bieten*[149], läßt soziale Einrichtungen und technische Entwicklungen in allzu idealisiertem Licht erscheinen. Sie selbst hat dort Kontakt zu dem im Exil lebenden Arnold Ruge und nimmt sich später Johanna Kinkels und ihres Mannes an, verschafft ihnen Kontakte zu dem ihr bekannten Kreis um den Historiker Thomas Carlyle und den Schriftsteller William M. Thackeray.

Die deutschen Pfahlbürger, ihre eingezwängte Häuslichkeit, polizeiliche Bürgerlichkeit und eine gegenseitige Beaufsichtigung sind Gegenstand der Kritik in der Erzählung *Zwei Tage in einer kleinen Stadt* aus dem Erzählzyklus *Dünen- und Berggeschichten* (1851). In deren Rahmenhandlung sucht eine fiktive Badegesellschaft im Jahr 1849 auf Helgoland – in Anlehnung an einen tatsächlich dort stattgefundenen Aufenthalt von Lewald, Stahr, Therese von Bacheracht, Heinrich von Lützow, dem Weimarer Hofintendanten Franz Dingelstedt, Liszt u. a. – Ablenkung vor der *Pest des Meinungsstreites.* Die zentrale Figur dieses Kreises, der Autorin nicht unähnlich, muß einsehen: *Ich fange doch an zu glauben, daß es Nichts seyn mag mit der Republik.*[150] Fanny Lewald glaubt, daß nur eine neue, von allen Schichten der Bevölkerung getragene Revolution diese endlich herbeiführen wird: *noch ist das Elend nicht stark und groß genug das Gute zu gebären. Lassen Sie die Jesuiten, die jetzt nahe bei Berlin etablirt sind, erst offene Collegien in Berlin haben, lassen Sie die Verfassungen alle aufgehoben sein, Censur, hohe Steuern u. recht drückende Lasten erst jahrelang auf dem Volke gewüthet haben – dann will ich glauben, daß alle Schichten desselben in ihrer Sehnsucht nach Erlösung, sich zur Republik bekehren.*[151]

Von der Revolution zur Evolution

Das Jahr 1848 bedeutet keine Zäsur im erzählerischen Werk Fanny Lewalds. Ihr politisches Interesse, ihre sozialen und reformerischen Ziele
kommen auch in ihrem belletristischen Werk zum Ausdruck, aus dem ein
unvermindert starkes Engagement spricht. Der einzige historische Roman Lewalds, *Prinz Louis Ferdinand*, findet bei der zeitgenössischen
Kritik zu Recht wenig Wohlgefallen wegen kompositorischer Mängel –
Handlungsarmut, Effekthascherei, zu breite Handlungsführung – und
wegen dichterischer Freiheit – eine fiktive Liebesbeziehung zwischen
Rahel und dem Preußenprinzen, in Wirklichkeit nicht mehr als eine Seelenverwandtschaft. Dennoch kann er aufgrund seiner zentralen Thema-
tik, der Freiheit des einzelnen wie der Allgemeinheit, als Allegorie auf
Verhältnisse gewertet werden, die zu den Ereignissen von 1848 führten:
die mangelnde Beteiligung der Bürger an den Belangen des Staates. *Wir
haben nicht auf das Volk zu rechnen, denn wir haben kein freies Volk, das
sich frei mit seinem Herrscher verbündet zu gegenseitigem Schutz und
Trutz; wir haben Unterthanen, treue Unterthanen, ich will es zugeben.
Aber wir haben die Gebildeten des Volkes verlassen, die ihre Nationalehre
zu verfechten begehrten, wir haben den Geist der Zeit verhöhnt, uns fest-
bannend an veraltete Gesetze; dafür wird die Zeit uns stürzen in ihrem
stürmischen Fluge.*[152] Mit seinem Plädoyer für eine konstitutionelle Monarchie nach englischem Vorbild gilt der Prinz zu seiner Zeit als Phantast
und Außenseiter, der sich Vertretern von Minderheiten, den Juden, und
dem einfachen Mann aus dem Volk enger verbunden fühlt als der adeligen Hofgesellschaft. Des Prinzen Einsatz für einen Rekruten, der zum
Mörder an seiner Geliebten wird, nachdem man beiden den Trauschein
verweigert und ihnen als Verbrechern den Prozeß machen will, ist ein
Akt der Humanität, Ausweis eines modernen Monarchen, wie ihn für
Fanny Lewald Großherzog Carl Alexander von Sachsen-Weimar verkörpert, ihr *kleiner weimarischer Prinz*[153]. Sein Herzogtum gehört für Lewald zu den *lebbaren* Orten des Vaterlandes, da es in vorbildlicher Weise
den engen Zusammenhang von Bevölkerung und Fürst gewährleistet,
der mit Hilfe der Verfassung und eines fortschrittlichen «Märzministeri-
ums» regiert. Das Verhältnis zu dem Fürsten, zu dem sie ab 1848 in

Manuskriptseite Fanny Lewalds aus «Prinz Louis Ferdinand»

schriftlicher und persönlicher Verbindung steht, wird ihr von Freund und
Feind als Opportunismus ausgelegt, doch der Kontakt beruht weniger
auf eigenem Geltungsbedürfnis als auf dem Streben nach Macht und
Einfluß im Einsatz für andere, denn *so lange die Macht in den Händen
der Fürsten ist, scheint u. schien es mir die Aufgabe der Gutgesinnten wie
wir, dorthin das Licht zu tragen, wo es über hundert Tausende ausgestrahlt
werden kann* [154]. Dem Fürsten bekennt Fanny Lewald Ende 1849, als einziges Zugeständnis an die Reaktion, sie setze nun – vorübergehend – auf
das demokratische Königtum: *Sie, die jetzt in das Mannesalter tretende
Generation der Fürsten haben die Aufgabe, die Völker mit den Fürsten
auszusöhnen, um die Monarchien aufrecht zu erhalten, die vielleicht für*

Großherzog Carl Alexander
von Sachsen-Weimar-Eisenach.
Lithographie von Alphonse
Leon Noel Richard nach einer
Zeichnung von R. Lauchert

das Glück der Menschheit eine Nothwendigkeit sind. Sie sehen, ich bekehre mich, wenn auch noch nicht aus eigner Verstandesüberzeugung, die der Monarchie widerspricht, so doch aus Unterordnung in die Einsicht vieler Männer, welche für jetzt für lange hinaus noch die Republik für unheilbringend halten.[155]

Die Reise in das Ursprungsland der Demokratie, England, im Sommer 1850 liefert dem sozialen Denken und Arbeiten Fanny Lewalds wichtige Anstöße. Sie erlebt die ihr fremde Welt der Armut und Prostitution im Londoner Arbeiterbezirk Spitalfield, dem Lebensbereich der Bettelnden, Behinderten und Ärmsten der Armen, der Iren – in all seiner Armseligkeit dennoch nur ein leiser Vorgeschmack dessen, was ihr Begleiter, der im Exil lebende Schriftsteller Moritz Hartmann, in Dublin antrifft. «Denken Sie sich», berichtet er kurz darauf der Freundin, «eine ganze große Stadt, aus solchen bestehend wie jene in London und nur von den Ärmsten aus jener Gasse bewohnt.»[156] Sie geht zu Fuß durch die Straßen Londons, Edinburghs und Glasgows, folgt den Menschen in ihre Wohnviertel, Wohnungen und an ihre Arbeitsplätze in einer Brauerei, einer chemischen Fabrik, einer Baumwollspinnerei. In das Mitleid mit den

Moritz Hartmann.
Stahlstich nach einer Fotografie
von Vogel

Lebensbedingungen des «rohen» Volkes, seinen Lastern, der Trunkenheit etc., mischt sich durchaus Angst und Besorgnis vor drohender Gewalt. Um so mehr begrüßt Lewald mustergültige genossenschaftliche Einrichtungen zur Verbesserung der Wohnsituation von Arbeitern in London, zweckdienliche und preiswerte Logierhäuser, Wohnungen, denen Gemeinschaftseinrichtungen wie Wasch- und Badehäuser, Schulen, Bibliotheken und Handwerksbetriebe angeschlossen sind. Initiator dieser Einrichtungen und Gegenmaßnahmen zur Laissez-faire-Haltung des wirtschaftlichen Liberalismus, der den arbeitenden Menschen nur als Teil des Produktionsprozesses betrachtet und ausbeutet, ist Charles Kingsley, der in Romanen und Traktaten, die Lewald während ihres Aufenthaltes liest, nicht zum Klassenkampf, sondern zur Klassenversöhnung durch Bildung und maßvolles Verhalten der Besitzlosen aufruft. Eine ähnlich evolutionäre Haltung beziehen auch die Vertreterinnen des englischen Sozialromans Elizabeth Gaskell und George Eliot. Ihren Werken gibt Lewald den Vorzug gegenüber denen der Sozialromantikerin George Sand, denn sie schildern die Übergangsepoche Englands vom Agrar- zum Industriestaat realistischer. Zu George Eliot entwickelt sich später eine persönliche Beziehung; auf ihrer ersten Reise nach Deutschland im Winter 1854/55 nimmt sie über Varnhagen von Ense mit Fanny Lewald und Adolf Stahr Verbindung auf. Nicht nur die äußere Lebenssituation der beiden Frauen zeigt erstaunlich viele Parallelen – beide kommen erst spät zum Beruf des Schriftstellers, der für beide eine pädago-

Die Insel Fingals. Zeichnung aus dem Nachlaß von Fanny Lewald, die auf ihrer Englandreise auch die Hebriden besuchte

gische Funktion hat, leben in eheähnlicher Gemeinschaft mit einem verheirateten Mann und vertreten einen ähnlichen Standpunkt in der Frauenfrage –, sondern auch ihre philosophische Anschauung. Berührungspunkte ergeben sich daraus, daß George Eliot Übersetzerin der Werke von Strauß, Feuerbach und Spinoza ist, deren prägender Einfluß auf Fanny Lewald bereits erwähnt wurde. Wie Aufzeichnungen aus ihrem Exzerptenbuch[157] beweisen, steht Fanny Lewald der biologisch-organologischen Gesellschaftstheorie des Positivisten Auguste Comte nahe. Seine Vorstellungen einer optimalen Gesellschaftsform durch industrielle Organisation der Arbeit und einer von Wissenschaft und Wirtschaft bestimmten Gesellschaft beeinflussen auch den Nationalökonomen, Soziologen und Journalisten John Stuart Mill, dem Fanny Lewald 1870 *Für und wider die Frauen* widmet.

Im Zusammenhang mit der kommunalen Armenunterstützung und Pauperismuspolitik steht Lewalds 1853 entstandene Erzählung *Kein Haus*, in der sie ihre schärfste soziale Anklage formuliert. Ähnlich wie Büchners Woyzeck erliegt der Protagonist den gesellschaftlichen Zwängen im Wahnsinn: Dem Schäfer Jakob und der Magd Anna wird die Erlaubnis zur Eheschließung verweigert, da sie weder Miete bezahlen können, noch ein Gemeindebürgerrecht besitzen, und die Gemeinde Sorge um ihre Armenkasse hat, wenn das Paar sich niederläßt. Die Zweckmäßigkeit der Verehelichungsbeschränkung aus Angst vor Überbevölkerung, in der man die Hauptursache des Pauperismus sah, wird in

Frage gestellt, als beide unverheiratet zusammenleben und sich Nachwuchs einstellt. Das Paar, wie viele andere, die, statt vor den Traualtar zu treten, für ihr «Vergehen» in die Arrestzelle wandern, fühlt sich menschenunwürdig behandelt, erst recht, als Anna schließlich in die Nachbargemeinde ins Arbeitshaus abgeschoben wird. Aus Angst vor der letzten Station auf dem Weg ins gesellschaftliche Abseits, dem Armenhaus, tötet Anna schließlich sich selbst und damit auch ihr zweites, ungeborenes Kind. Fanny Lewald deckt in dieser Novelle die Unzulänglichkeit privater Armenfürsorge auf, sie legt die Forderung nach staatlicher Regie des Armenwesens nahe und knüpft an ihre Vorschläge für eine soziale Sicherung aus *Der dritte Stand* an. Später wird sich die Arbeiterbewegung Lassalles im Kampf um die Freiheitsrechte der Arbeiter im allgemeinen der Verehelichungsbeschränkung annehmen.

Als ein Opfer gesellschaftlicher Diskriminierung schildert Fanny Lewald in ihrer Erzählung *Das große Loos* (erste Notizen dazu datieren aus dem Jahr 1851) eine Frau, die in einer Vernunftehe oder Versorgungsehe mit umgekehrten Vorzeichen mit ihrem ererbten Vermögen die Lebensgrundlage für ihren Mann liefert und mit gesetzlicher Zustimmung benachteiligt wird: Sie muß für die Schulden ihres nichtsnutzigen Mannes aufkommen und steht vor dem Ruin, als sie mit der Volljährigkeit ihr bislang in Staatspapieren sicher angelegtes Geld ausbezahlt bekommt und der Ehemann damit ins Ausland flüchtet. Als Ehefrau darf sie ohne die Einwilligung des Mannes nicht frei über ihr Geld verfügen, es sei denn, sie ließe ihn zum Verschwender erklären und reichte die Scheidung ein, doch den Mut dazu bringt sie aus familiären Rücksichten nicht auf. Lewald verweist mit dieser Erzählung auf die reaktionäre Rechtspraxis: Nach den Bestimmungen des im Vormärz gültigen, später aber, in den sechziger Jahren, vom Bürgerlichen Gesetzbuch ersetzten Allgemeinen Landrechts für die preußischen Staaten hätte die Protagonistin mehr Verfügungsgewalt über ihr Vermögen gehabt!

Die beiden letztgenannten Erzählungen sind Teil der Erzählsammlung *Deutsche Lebensbilder* (1856), die wegen ihres «novellistischen Realismus» geschätzt werden. Hier wie auch in einer weiteren Erzählsammlung, *Bunte Bilder* (1862), die unter anderem sehr frühe Arbeiten Lewalds aus den Jahren 1841 bis 1844 enthält (*Gräfin Marie, Der Kunstteufel* und *Modernes Märchen*), tritt neben aller Moral die erzählerische Vielfalt und Phantasie der Autorin zutage, die ihr so häufig in Abrede gestellt wird.

Erfolg

Die «hervorragendste Romanschriftstellerin»[158]

Ab Mitte des Jahrhunderts nimmt Fanny Lewald einen festen Platz auf dem deutschen Literaturmarkt ein: *Mein gutes Fräulein,* bekennt ihr der Verleger Brockhaus, *bei uns muß ein guter Roman von Ihnen drei andere schlechte von anderen Autoren übertragen.*[159] Sie gehört zu den meistgelesenen Autoren der Leihbibliotheken und erhält für die Manuskripte ihrer Bücher, die in einer Auflage von 1000 bis 1250 Exemplaren erscheinen, vier bis fünf Louis d'Or pro Druckbogen (dies entspricht etwa dem sechsfachen Wert in preußischen Talern und ergibt bei einem durchschnittlichen Umfang von zwanzig Bogen ein recht ansehnliches Honorar). Der Verleger Vieweg, zwischen 1849 und 1856 Herausgeber ihrer Werke, kann mit sicheren Einnahmen – ca. drei Taler Ladenpreis pro Band – rechnen, als er die Autorin im November 1849 unter Vertrag nimmt. Nach seiner Geschäftsaufgabe tritt für mehr als zwanzig Jahre der Verleger Janke an seine Stelle. Fanny Lewald, deren erzählerisches Talent ihr ganzes Kapital als Berufsschriftstellerin darstellt, möchte als Tochter eines erfolgreichen Kaufmanns auch Zinsen dafür beziehen, also entsprechend honoriert werden. Wie geschäftstüchtig sie dabei vorgeht, beweist ihre Verlegerkorrespondenz, wie selbstbewußt, eine Anekdote aus ihrer Lebensgeschichte. Reimarus, der Herausgeber des «Berliner Kalenders», hatte wohl nicht gewußt, worauf er sich einließ, als er bei Fanny Lewald die Novelle *Der dritte Stand* in Auftrag gab; nicht zu Unrecht befürchtet er bald Schwierigkeiten mit der Zensur, die er gern vermeiden möchte: *«Nun mein teures Fräulein, wenn wir also nun bald fertig sind, so sehen wir Ihre schöne Arbeit durch, und finden wir etwas, was uns bedenklich scheint, so merzen wir das aus, so merzen wir das leicht aus und ändern es!» Er stand auf, gab mir die Hand und wollte gehen; ich erhob mich ebenfalls, und seine Hand festhaltend, sagte ich: «Verzeihen Sie, mein Bester, aber eins muß ich Ihnen noch sagen! Da ich die Novelle geschrieben habe und nicht wir beide, so werde auch ich allein sie revidieren, und Sie werden dieselbe wörtlich so drucken wie ich sie geschrieben habe. Eine Zensur von Ihnen erkenne ich umso weniger an, als bereits die*

Verlags Vertrag.

Zwischen Frau Professor Fanny Lewald-Stahr und dem Buchhändler Wilhelm Hertz (Bessersche Buchhandlung) ist am heutigen Tage nachstehender Verlagsvertrag verhandelt und geschlossen worden.

§ 1. Frau Professor Lewald-Stahr übergiebt dem Buchhändler Wilhelm Hertz das Verlagsrecht an der ersten Auflage und an allen etwaigen künftigen Auflagen und Ausgaben eines Bandes Novellen, enthaltend die Novellen: Die Stimme des Blutes, Martina, eine Freundin in der Noth.

§ 2. Die erste Auflage wird in einer von Herrn Hertz zu bestimmenden Ausstattung in einer Anzahl von 1125 Exemplaren abgezogen. Unmittelbar nach Beendigung des Druckes zahlt Herr Hertz an Frau Professor Lewald-Stahr ein Honorar von Tausend Zwei Hundert Mark (1200) in Reichswährung, stellt ihr auch 15 Freiexemplare zur ...

§ 3. Künftige Auflagen und Ausgaben werden unter denselben Bedingungen veranstaltet, mit der einzigen Änderung, daß Herr Hertz zu bestimmen hat, wie viel Exemplare von einer jeden abgezogen werden sollen. Das Reichs- und Honorar für eine jede neue Auflage oder Ausgabe wird nach dem für die erste Auflage gezahlten Honorar bemessen, der Art, daß, wenn ... eine neue Auflage in 750 Exemplaren veranstaltet wird Frau Professor Lewald-Stahr ein Honorar von 800 Mark zu erhalten hat ... Von einer jeden neuen Auflage oder Ausgabe empfängt die Frau Verfasserin 10 Freiexemplare.

§ 4.

Verlagsvertrag zwischen Fanny Lewald und dem Verleger Wilhelm Hertz vom 2. September 1876 über den Band «Neue Novellen»

§ 4. Derselbe ist es gestattet, nach 12 Jahren von
dem Erscheinen der ersten Auflage ab, doch Novellen
seiner Gesammelten Werke einzuverleiben, ohne
dass hierfür Herr Hertz eine Entschädigung hierfür zu
fordern berechtigt ist. Auch verpflichtet sich hiergegen
Frau Professor Lewald Stahr zu sorgen, dass dieselben nicht einem einzeln verkäuflichen Band
der Gesammelten Werke ausschliesslich fällt.

§ 5. Die contrahirenden Theile sind übereingekommen,
falls aus diesem Vertrage zwischen ihnen oder ihren
Rechtsnachfolgern irgend welche Differenzen oder
Streitigkeiten entstehen sollten, dass dieselben niemals
vor den ordentlichen Richter gebracht werden sollen.
Sie wollen vielmehr für solchen Fall sich unbedingt
und für jede Eventualität dem Schiedsspruche des Vor-
stehers der Berliner Buchhändler Corporation unterwerfen. Sie wollen denselben hierdurch zum Schied-
richter und wollen ihn in solchem Fall zu
diesem Amt berufen.

§ 6. Alle Rechte und Pflichten, welche aus diesem
Vertrage hergeleitet werden können, gehen
auf die Erben und Rechtsnachfolger beider Contrahenten
über.

Obiger Vertrag ist doppelt ausgefertigt von beiden Theilen gelesen
genehmigt und eigenhändig unterschrieben, indem dieselben
sich gegenseitig zusichern, ihn in allen seinen Theilen aufrecht
halten und erfüllen zu wollen.

Berlin, den 2ten September 1876

Fanny Lewald Stahr
Liebenstein d. 3te Sept 1876

Wilhelm Hertz
(Bessere Buchhandlung)

Paul Heyse. Zeitgenössischer Stahlstich von A. Weger

Zensur der Behörden auf unserm Schaffen lastet. Dieser keinen Anstoß zu geben, bin ich Ihnen schuldig und bin ich bemüht gewesen, im übrigen vertrete ich, was ich schreibe, und im schlimmsten Falle büßen Sie Ihr blindes Zutrauen zu Herrn Hofrat Tiek! Ich bin eben ein Kind meiner Zeit, das hätten Sie wissen können.»[160] Als sie, «die geistvollste deutsche Dichterin»[161], 1871 um einen exemplarischen Beitrag für Paul Heyses «Deutschen Novellenschatz» gebeten wird, fühlt sie sich zwar geehrt, scheut sich aber nicht, nach dem Honorar zu fragen; bedenkenlos wechselt sie den Verleger, sobald sie sich übervorteilt fühlt. Als Gegenleistung liefert sie gute Arbeit und kontinuierlich jedes Jahr mindestens ein Buch. Schreiben als Brotarbeit ohne inneren Drang, ein reines Produzieren, nur um Geld zu verdienen, das sie an ihrer Schriftstellerkollegin Luise Mühlbach geringschätzig beobachtet, die *Historien zurecht macht nach dem Zeitgeschmack, also nach Willkür aussucht, was eben ziehen könnte*[162], ist nicht ihre Art. Sie will nicht nur ein Unterhaltungsbedürfnis, das eigene wie das der Leser, befriedigen, sondern zur Volksbildung beitragen und durch anspruchsvolle Gestaltung ihren Romanen Dauerhaftigkeit verleihen. An der um die Jahrhundertmitte einsetzenden journalistischen Literaturkritik um den realistischen Roman nimmt sie regen Anteil. In vielen ihrer Schriften und Briefe finden sich roman- und kunsttheoretische Äußerungen, die die Diskussion der Zeit um die Vorbildrolle der englischen Erzähler Dickens und Thackeray und die exemplarische Bedeutung von Gustav Freytags «Soll und Haben» als bürgerlichem Roman widerspiegeln. Heftig kritisiert Fanny Lewald Karl Gutzkows breitangelegten Panoramaroman «Die Ritter vom Geiste» als zusammenhanglosen Roman des Nebeneinander und fordert statt dessen einen festen Plan und eine einheitliche Haltung, die sich im wesentlichen auf ein Einzelschicksal und die psychologische Entwicklung dieser Gestalt konzentriert. Fanny Lewalds beste Romane folgen diesem Muster des Figurenromans mit geradliniger und klarer Handlung. Die Geschlossenheit der Form, die Lewalds frühe Romane und Erzählungen vielfach vermissen lassen, wird nun erreicht mit der Technik eines einleitenden und abschließenden Rahmens, ein Verfahren, das sich auch bei anderen Erzählern der Zeit findet und das die typische Erzählsituation des Plauderns in Gesellschaft suggeriert. Diese Erzählform bietet der Autorin vielfältige Möglichkeiten wie den häufigen Perspektivenwechsel der unterschiedlichen Erzähler, den Wechsel von unmittelbarem Erleben und Distanz zum Erzählten wie auch die Thematisierung des Erzählvorgangs, indem der Erzähler der Rahmenhandlung Zeuge eines «romanhaften» Vorgangs wird und diesem gleichzeitig einen glaubhaften, realistischen und authentischen Charakter verleiht. Lewalds Darstellungsweise wird – so ein Kritiker überschwenglich anläßlich ihrer *Deutschen Lebensbilder* – als «Reform der deutschen Belletristik», als die Überwindung der Empfindsamkeit und des unwahren Romanhaften gerühmt.[163] Mit Hilfe dieser Rahmentechnik kann Lewald bewährte biedermeierliche Erzählmuster – die Mischung von unterschiedlichen Darstellungsformen wie Szene, Bericht, Stimmungsbild etc. – beibehalten und dennoch Einheitlichkeit wahren.

In Fanny Lewalds Selbstverständnis markiert der Roman *Wandlungen* (1853) die Abkehr von der Tendenz, das heißt der unmißverständlich geäußerten, subjektiven Meinung des Autors: *Es ist dies ein Werk, von dem ich glaube, daß es mich ein tüchtig Stück überdauern werde, weil es ganz aus einer Lebensansicht entsprungen ist, die den Parteihaß überwunden hat. [...] Ich meine auch, so fest die Gesinnung und Überzeugung des Dichters, muß er einen höheren Standpunkt haben, als die «Zinne der Partei».*[164] Doch der Wunsch der Autorin nach harmonischer, evolutionärer Lösung der drängenden gesellschaftlichen Fragen, eben nach «Wandlungen», ist in diesem Roman unübersehbar. In der Zeit zwischen der Juli-Revolution 1830 und 1848 geht das alte feudalistische System unter. An seine Stelle tritt ein liberales, demokratisches System, an frühsozialistischen Theorien orientiert, einen Ausgleich zwischen Arm und Reich, eine Annäherung zwischen Adel und Bürgertum schaffend: *[...] die*

Geister hatten sich dem höchsten Ziele zugewandt, das staatlich zu errei-chen ist, der Befriedigung Aller durch gegenseitige Gerechtigkeit und Liebe.[165] Fanny Lewalds unverhüllte Ansichten über Ethik und Religion verwundern ihren Freund Heinrich Heine, in dessen Augen der Roman wohltuend gegen den reaktionären Geist in Deutschland ankämpft. Ähnlich wie in *Wandlungen* lautet der Tenor des mit acht Bänden um-fangreichsten Romans Lewalds *Von Geschlecht zu Geschlecht.* Diese an Freytags «Soll und Haben» angelehnte Kritik am ökonomisch unfähigen und müßigen Adel demonstriert am Beispiel der Freiherren von Arten, wie die gesellschaftlich bestimmende Rolle auf den bürgerlichen Empor-kömmling in der Gestalt des illegitimen Sprosses der Familie übergeht. Die jahrelange Arbeit und das mehrgleisige Erzählen in diesem Roman übersteigen bisweilen die körperlichen und handwerklichen Kräfte der Autorin, sie lassen das Bemühen, ein Panorama von Figuren und Be-gebenheiten – dem so heftig kritisierten Prinzip Gutzkows nicht unähn-lich – zu verknüpfen, allzu deutlich werden und die Unmittelbarkeit der Handlung vermissen.

Mit der Wahl ihrer Themen und der Konzeption ihrer Figuren trägt Fanny Lewald zwar bei zur Verklärung bürgerlicher Tüchtigkeit im Stile Gustav Freytags, dennoch sind ihre Romane nur ansatzweise Romane des «bürgerlichen Realismus» eines Fontane, Raabe, Keller oder auch Spielhagen, die fast alle zu ihrem Umgang gehören, ebenso wie der be-deutendste Ästhetiker der Zeit, Friedrich Theodor Vischer. Lewalds Auffassung von der *Macht und Allwissenheit des Dichters*, dessen *höhere Hand*[166] spürbar sein müsse, auch wenn sie beteuert, ihre Figuren führten ein Eigenleben, weicht deutlich ab von Spielhagens Vorstellung eines dichterischen Romans, der nur handelnde Figuren kennt und hinter dem der Dichter völlig zurücktritt. «Roher» Realismus, die ungeschminkte, mimetische Abbildung von Wirklichkeit nach Art der französischen Realisten, gar das Schreiben im Volksidiom lehnt sie als unkünstlerisch ab. Für sie muß der Dichter als Maler stets die Norm des Maßhaltens be-folgen. Ausweichend definiert sie *Glaubwürdigkeit* als *das höchste Zei-chen in aller Kunst*[167], das sie in niederländischen Genrebildern ebenso findet wie in Gemälden der Renaissance und in den Dorfgeschichten ih-res Freundes Auerbach, die ihr noch lange, nachdem sie in literarischen Kreisen ihre Vorbildfunktion verloren haben, mustergültig erscheinen.

Frau Fanny Lewald-Stahr

Bürgerlich ist auch die Lebensweise Fanny Lewalds mit Adolf Stahr nach ihrer Eheschließung 1855. Ihre Wohnung in der Mathäikirchstraße 21 in Berlin, ab 1860 für mehr als zwanzig Jahre ihr Zuhause, und ihr Arbeitszimmer vermitteln den Eindruck bürgerlicher Behaglichkeit. Sie ist stolz, wenn sie nach jahrelanger Unsicherheit und Unruhe, häufigem Wohnungswechsel und Aufenthalten in Hotels und Gasthöfen, bei Freunden und Verwandten, Besuchern ihr Zuhause präsentieren kann.

Nach fast einem Jahrzehnt zermürbender Kämpfe kommt das Paar endlich zur Ruhe. Die Vorgeschichte ist schmerzlich. Nach seiner Rückkehr nach «Oedenburg»[168] im Frühjahr 1846 muß Stahr bald feststellen, wie sehr er dem Leben der Stadt und seiner Familie entfremdet ist. Seine beruflichen Aussichten sind düster, seine Lehrtätigkeit muß er aufgeben; er hofft zunächst auf eine Anstellung als Bibliothekar oder als Intendant in Oldenburg – seit 1837 hatte er Theaterkritiken und eine Dramaturgie des Oldenburger Theaters verfaßt. Doch die Pläne zerschlagen sich ebenso wie andere für aussichtsreiche feste Tätigkeiten, etwa die Übernahme der Zeitschrift «Europa» zusammen mit Fanny, eine Redakteursstelle bei der «Rheinischen Zeitung» in Düsseldorf (1847), Mitarbeit bei diversen Jahrbüchern, die 1851 geplante Revue einer Weimarer Goethe-Stiftung oder gar eine Anstellung Stahrs als Leiter des Schauspiels in Weimar auf Initiative von Franz Liszt. Auf ein «Wartegeld» von ca. 500 Talern angewiesen, ist er gezwungen, «den Unterhalt für die Seinen zu-

«Zur Erinnerung an Mathäikirchstraße u. Adolf Stahr u. Fanny Lewald Stahr Ostern 1860-Ostern 1869». Fotografie

«Meine Stube». Aquarell, um 1860

sammenzuartikeln»[169] – so der Publizist über seine zahlreichen Zeitungs-
und Zeitschriftenartikel, Feuilletons und Rezensionen. Auf Fannys Anregung widmet er sich auch eigener literarischer Tätigkeit; während
seine wissenschaftlichen Reiseführer, zum Beispiel «Ein Jahr in Italien»
(1847 ff.), regen Zuspruch finden, erregen seine kunstkritischen und
-historischen Schriften wie «Torso oder Kunst, Künstler und Kunstwerke
der Alten» (1854) heftigen Widerspruch in Fachkreisen, denen der
Autor als Nachbeter vorhandener Quellen gilt. Zahlreiche Auflagen erfährt seine erfolgreiche Lessing-Biographie; sein einziger Romanversuch
(«Die Republikaner in Neapel», 1849) verbucht dagegen nur geringen
Erfolg.

Immer wieder nutzt er seine Korrespondententätigkeit zur Flucht aus
der häuslichen Enge und zum Zusammensein mit Fanny für einige Wochen. Fehlendes Verständnis, wie vielfach behauptet, kann er seiner Frau
sicher nicht vorwerfen. Briefe von Oldenburger Bekannten und an gemeinsame Freunde wie Hermann Hettner bezeugen, daß Marie Stahr,
Tochter eines Schulinspektors und einer bei Pestalozzi ausgebildeten Erzieherin und Lehrerin, durchaus eine ebenbürtige, doch von der Familie
völlig in Anspruch genommene Partnerin Stahrs war, die ihren Mann

aufrichtig liebte. Einem Brief Marie Stahrs an Hettner vom 6. Juli 1846 fügt sie folgende Zeilen an: «Daß Sie jetzt noch den Sommer in dem lieben, schönen Ariccia verleben können, gönne ich Ihnen von Grund der Seele. Auch ich liebe den Ort und die Gegend, als hätte ich sie kennengelernt. [...] ich kann den leisen Herzenswunsch, der darum doch nicht zur Erfüllung kommt, wohl aussprechen, da möchte ich auch wohl noch einmal im Leben ein paar glückliche Stunden im Verein mit meinem Adolf verleben – denn ohne ihn wäre ich nicht fähig, mich je ganz glücklich zu fühlen, und schlösse sich ein Paradies mir auf.»[170] Grund zur Eifersucht hatte sie schon früher gehabt: 1841 auf die Beziehung Stahrs zu der Oldenburgerin Katinka Kruse, mit der er Englisch lernte und Shakespeare las. Das Bild des Dummchens, das Gottfried Keller in seinen «Mißbrauchten Liebesbriefen» (Journalabdruck 1865) aus den Erzählungen der «Leute von Seldwyla» angeblich von ihr in der Frau des Kaufmanns Victor Störteler zeichnet, die, um einen druckreifen Briefwechsel mit ihrem Mann führen zu können, sich die Briefe von einem Lehrer schreiben läßt, war sie sicher nicht, genausowenig wie Fanny Lewald in dieser Erzählung das Vorbild für die Störteler (alias Stahr) verehrende Schauspielerin Kätter Ambach abgibt.

Einigen Zeitgenossen ist das die eigenen wie die Leistungen des Partners sehr hoch einschätzende Paar Lewald-Stahr unangenehm, nicht zuletzt «durch die Ostentation, mit welcher sie ihr Verhältnis produzieren»[171]. Die (Ab-)Neigungen für oder gegen den einen oder anderen Partner sind unterschiedlich verteilt, doch übereinstimmend sieht man in Fanny Lewald den führenden Teil der Beziehung, Stahr sei eben kein Mann der Tat, urteilt auch die gemeinsame Freundin Therese von Bacheracht. «Man nannte [sie] scherzhaft in Berlin seine Gouvernante und in der Tat hat sie sehr bestimmenden Einfluß auf ihn ausgeübt, weil sie von jeher sehr selbstbewußt und entschieden in ihrem Wesen und Charakter war.»[172] Ihre «Bemutterungssucht» und ihr Gefallen an der Rolle der Krankenschwester Stahrs beobachtet auch der Maler Ludwig Pietsch: «Nun, lieber P.», ruft sie, nachdem er ein Porträt Stahrs skizziert hat, «Stahr ist viel kränker, viel kränker!»[173]

Fanny nimmt die Liebe zu Stahr nur zögernd an; doch nachdem sie einmal ihres *Lebens Ziel gefunden*[174] hat, gibt sie dieses nicht mehr auf. Sie arbeitet aktiv an der Gestaltung ihrer Zukunft mit Adolf Stahr, die ab 1851 endlich konkrete Formen annimmt und mit der Hoffnung auf eine Anstellung Stahrs in Weimar auch auf solider Grundlage zu stehen scheint.

Fannys nach außen getragene Selbstsicherheit entspricht nicht immer der wirklichen Empfindung. *Glauben Sie mir, ich bin weniger stark, weniger fest, als ich scheine. [...] Was ich für meinen Lebenszweck halte? – stark zu scheinen, damit Niemand, der leidet, sich scheue, mich die Last mittragen zu lassen, die ihm allein zu schwer wird. Für mich erwarte ich seit Jahren Nichts [...].*[175] Beinahe kommt es zum Bruch zwischen Fanny und ihren Geschwistern, als diese auf eine Legalisierung der Beziehung drängen; ihnen erklärt Fanny unmißverständlich, *daß ich Alles und Alle viel eher opfern u. mit meiner ganzen Vergangenheit brechen würde, ehe ich das einzige Verhältniß löste, an dem meine Existenz hängt*[176]. Zermürbt von familiären Spannungen, vom gesellschaftlichen Spießrutenlaufen und vom Zögern Marie Stahrs, die Bereitschaft zur Scheidung bekundet und dann wieder davon Abstand nimmt, reagiert Fanny vor allem zwischen 1851 und 1854 mit häufiger Krankheit: *Die Aerzte sehen es als ein tiefes Nervenleiden, das durch geistige Anstrengungen, durch starke Gemütsbewegungen, durch übermäßiges Arbeiten erzeugt, nur langsam, durch Ruhe zu beseitigen sei.*[177] Ein Jahr zuvor hatte sie sogar den Großherzog Carl Alexander in Weimar und einen seiner Minister wegen einer Gnadenscheidung bemüht, um die für alle Beteiligten unerträgliche Situation zu klären. Nach einem fehlgeschlagenen Versuch, sich mit der Familie in Jena niederzulassen, zieht Stahr im Spätsommer 1852 endgültig nach Berlin und mietet sich in der Nähe von Fannys Wohnung am Leipziger Platz 3 ein Zimmer. *Noch wohnt er nicht bei mir,* berichtet Fanny ihrem Freund Jacoby im Oktober, dazu fehle ihnen noch *der Gewerbeschein. Indeß er kommt schon Morgens um acht Uhr zum Frühstück u. bleibt in seiner für ihn eingerichteten Arbeitsstube bis zur Nacht bei mir.*[178] Nachdem am 23. März 1854 Stahrs Scheidung ausgesprochen worden ist, erfolgt nach langem vergeblichen Bemühen um eine Zivilehe die protestantische Eheschließung der «zweien, die eins sind»[179], das «Festschmieden vom Pfaffen»[180]. Stolz auf die erreichte bürgerliche Existenz führt Fanny nunmehr offiziell den Doppelnamen und Titel der Frau Professor Lewald-Stahr. Der Ehevertrag vom 25. Mai 1854, in dem sie sich eigenes Vermögen vorbehält, belegt, daß sie ihre Eigenständigkeit wahren will, auch wenn sie verkündet, *daß ich in der Unterordnung unter einen verehrten Mann und in meinem häuslichen und mütterlichen*[181] *Beruf mein größtes Glück finde*[182]. Sie steuert in der modernen, partnerschaftlichen Ehe allmonatlich die Hälfte zur Miete der Wohnung und den Lebenshaltungskosten bei[183], eine Selbständigkeit, die den arbeitenden Frauen in ihren Romanen – Sprach-, Zeichen-, Handarbeitslehrerinnen, Gouvernanten, selbständige Geschäftsfrauen und Künstlerinnen – verwehrt wird. Sie alle geben nach der Eheschließung die Berufstätigkeit auf. Fanny Lewald betrachtet eben als Ziel weiblicher Emanzipation die Ehe, sie will die Frauen durch Bildung, *Emanzipation zu Arbeit und Erwerb* nicht ihrem «natürlichen» Beruf entfremden, sondern eben diesem zuführen. Ein Widerspruch besteht weniger zwischen den Romanen und den emanzipatorischen Schriften Fanny Lewalds als zwischen dem, was sie sich und dem, was sie anderen zugesteht.

Eintragungen im gemeinsam geführten Privatjournal und in den Tagebüchern des Ehepaars Stahr, die über Jahrzehnte hinweg täglich in weni-

[handschriftlicher Text in deutscher Kurrentschrift]

Erste Seite des Vertrags auf Gütertrennung zwischen Fanny Lewald und Adolf Stahr, ausgefertigt am 25. Mai 1854

REPRODUCTION

Fanny Lewald und Adolf Stahr. Fotografie, im November 1876 von Fanny Lewald ihrem Neffen Wilhelm Gurlitt gewidmet

gen Zeilen Aufenthaltsort, Wetter, Befinden, Arbeitsgegenstände, Besucher und Lektüre verzeichnen, geben Auskunft über die Regelmäßigkeit der Lebensführung: *Am Morgen ruhig und gern gearbeitet, Adolf am Michelangelo, ich an den Osterbriefen. [...] Vor- und nachmittag promenirt. Abends kommen die lieben Lobedan's. [...] – Ruhiger Tag mit unseren beiden Jungen. Am Morgen viel gearbeitet. Nach dem Essen die Jungen in Whist unterrichtet, musiziert, mit F. eine Arnimsche Novelle gelesen. Recht innerlich zufrieden.*[184] Fanny Lewald hat keine eigenen Kinder, aber die Stiefsöhne Alwin und Edo, die während ihrer Ausbildung zeitweilig in Berlin leben, ersetzen ihr diese. *Manchmal tut mir's doch leid, daß ich kein eigenes Kind habe und von meiner Leiblichkeit also einmal nichts bleiben wird; aber das so vielen Frauen angeborene Gefühl, eben ein Kind um des Kindes willen zu haben, das hatte ich nie. Ich konnte fremde Kinder sehr lieben, mich an ihnen erfreuen*[185], bekennt Fanny Lewald ihrem Freund Jacoby. Vor allem zu Alwin Stahr entwickelt sie eine intensive Beziehung, die auch nach dem Tod ihres Mannes bestehen bleibt.

Ein liberaler Salon in Berlin

Besonderen Wert legt das Ehepaar Lewald-Stahr auf die regelmäßige Geselligkeit der Montagabende. Seit 1847 gilt «die Stube der Lewald [...] als das Forum der Literatur»[186]; für den noch recht kleinen Kreis der versammelten Freunde und Bekannten damals ist dies eine etwas hochtrabende Bezeichnung, doch Fanny Lewald berichtet Emma Schwanenfeld voller Stolz: *Einen Abend habe ich in meinen beiden fabelhaft kleinen einfenstrigen Räumen, achtzehn Personen zum Thee gehabt. Kühne mit seiner Frau aus Leipzig, [...] Hensel mit der Frau – den bekannten Publizisten Dr. Oppenheim aus Heidelberg – Stahr – Jakoby – Otto – Dr. Hartmann – Waldeck – zwei ostpreußische Landdeputirte – und die Meinen inkl. Gurlitt. Sehen Sie, das nannte ich nun einmal* l e b e n.[187] Auch der junge, noch unbekannte Schriftsteller Theodor Fontane findet hier Aufnahme und erregt lebhaftes Interesse mit seinen frühen Gedichten. Eine engere persönliche Beziehung zwischen ihm und Fanny Lewald besteht nur kurze Zeit, 1849/50 und dann wieder ab 1880; die Verbindung leidet unter persönlichen und literarischen Differenzen zwischen Lewald und Fontanes Freund Bernhard von Lepel. Briefstellen, eine Charakteristik der Autorin durch Fontane in einem biographischen Lexikon sowie eine im Werk beider anzutreffende Stoff- und Motivverwandtschaft zeugen von einem anhaltenden Interesse aneinander und einer bewußten oder unbewußten Beeinflussung. So gesteht Fontane, er habe nach Lewalds Ratschlag nur wenige Menschen in seinen Romanen sprechen lassen.

Prof. Adolph Stahr und Frau Fanny Lewald-Stahr

sind Montag den 20. Januar und an den folgenden
Montagen bis zum 24. Februar einschließlich, um
8 Uhr Abends für ihre Freunde zu Hause, und werden sich freuen, Sie unter denselben begrüßen zu können.

Berlin, den 15. Januar 1873.

Einladungskarte an Berthold Auerbach

Theodor Fontane.
Bleistiftzeichnung von
Luise Kugler, 1853

In den fünfziger und sechziger Jahren entwickeln sich die Zusammenkünfte im Hause Lewald-Stahr zu einer festen Einrichtung von gesellschaftlicher Bedeutung mit starker politischer, liberal-demokratischer Prägung. «Auch von dem ‹jour fixe› bei Fanny Lewald wurde viel gesprochen», erinnert sich Sabine Lepsius. «Ihr imponierender Kopf ist mir in lebhafter Erinnerung; sie brachte ihn gern durch einen breiten Hermelinkragen zur Geltung, der ihren Herrscherinnentypus nicht übel charakterisierte. Für jene Zeit wollte es viel sagen, daß ein ungetrautes Paar mit soviel selbstverständlicher Würde eine ausgezeichnete Gesellschaft bei sich empfing.»[188] Fanny ist bekannt für die «Redeturniere», die sie sich mit Gesprächspartnern liefert, sie gehört zu den «guten Schwatzleuten»[189] und ist laut ihrer Cousine Ludmilla Assing ein belebendes Element jeder Geselligkeit.

Ferdinand Lassalle

Selbst Gast zahlreicher Salons, zählen zu den Gästen ihres Hauses insgesamt mehr als einhundert Personen, darunter Schriftsteller und Künstler, Gelehrte und Politiker, Publizisten und Verleger: Gottfried Keller, Friedrich Spielhagen, George Eliot, Levin Schücking und Paul Heyse, Franz Liszt, Ferdinand Lassalle, Johann Jacoby, Heinrich Simon und andere Revolutionäre von 1848 ebenso wie Carl Alexander von Sachsen-Weimar. «Es ist wohl kaum eine politische oder literarische Größe durch Berlin gegangen in jener Zeit, die nicht im Stahrschen Hause ihren Besuch gemacht hätte.»[190] «Es war noch ein Stück alten Berliner Lebens, so wie wir es aus dem

Varnhagen'schen Kreise kannten, mehr als bescheiden, bei dünnen Butterbröten und dünnem Thee, wenn's hoch kam, einem Glase Rothwein.»[191] Fanny Lewald ist eine Persönlichkeit von eigenartiger Anziehungskraft: «Man muß es gehört haben, wenn sie an ihren Mittwochen[192], jenen Empfangsabenden, die während der fünfziger und sechziger Jahre in Berlin eine nicht geringe Berühmtheit erlangten, ihre Gäste um Mitternacht mit dem Haupte nickend, gütig lächelnd, und mit dem nicht ohne einen leichten Anflug ‹keenigsbargschen› Dialekts ausgesprochenen Abschiedsgruß ‹gute Nacht, gute Menschen!› […] entließ.»[193]

Die Reiseschriftstellerin

Nach der Winter- und Gesellschaftssaison in Berlin verbringen Fanny Lewald und Adolf Stahr die Sommermonate häufig mit ausgedehnter Reisetätigkeit. Kuraufenthalte in deutschen oder Schweizer Bädern, die die Erkrankungen Fannys (in den Jahren 1856, 1862, 1863 und 1866) oder ab 1867 Adolf Stahrs erforderlich machen, Besuche bei Freunden und Verwandten, Städte- und längere Auslandsreisen werden finanziert durch beider Tätigkeit als Reiseschriftsteller. Eine doppelte Einnahmequelle stellen der Vorabdruck von Briefen in Zeitungen, zum Beispiel in der «Kölnischen Zeitung», zu deren festen Mitarbeitern Fanny Lewald und Adolf Stahr zählen, und die anschließende Publikation in Buchform dar. Lewalds *Reisebriefe aus Deutschland, Italien und Frankreich* (1880) fassen so Veröffentlichungen aus den drei Vorjahren zusammen, die Briefe aus den Jahren 1879 bis 1881 erscheinen 1883 unter dem Titel *Vom Sund zum Posilipp*. Viel Zeit für touristischen Müßiggang bleibt nicht; neben dem täglichen Notieren des Erlebten als Grundlage für neue Arbeiten müssen abgeschlossene, bereits im Satz befindliche überarbeitet, korrigiert und revidiert an den Verleger nach Deutschland gesendet werden.

Als Adolf Stahr und Fanny Lewald im Herbst 1855 nach Paris reisen, Stahr zur Berichterstattung über die Weltausstellung, das «Werk der modernsten Bonapartistischen Politik», wie er angesichts des im Zweiten Kaiserreich zur Schau gestellten Luxus und der Vergnügungssucht des einstigen revolutionären Schauplatzes kritisch bemerkt[194], nutzen beide den Aufenthalt zur Beschäftigung mit zeitgenössischer Literatur und Malerei und dem Beisammensein mit alten Freunden und Zelebritäten aus Kunst und Politik: Heinrich Heine, Moritz Hartmann, Heinrich und Gustav Simon, der Schrifstellerin Hortense Cornu und ihrem Mann, einem Schüler des Malers Ingres. *Es ist schlimm genug, daß man das Vaterland verlassen muß, seine besten Landsleute wiederzusehen*[195], gesteht Fanny Lewald Johanna Kinkel am 22. April 1856 angesichts der Tatsache, daß noch immer viele Demokraten und ehemalige Revolutionäre im Exil leben müssen. Im Hause der früheren Lebensgefährtin Franz Liszts, Marie d'Agoult, begegnen die Stahrs dem für die Befreiung Italiens kämpfenden Daniele Manin. Fanny Lewald wird diese Erlebnisse 1876 in ihrem Künstlerroman *Benvenuto* verarbeiten. Reale Begegnungen und Erlebnisse auf den Reisen dienen ihr häufig als Grundlage für eine spätere Umsetzung in Fiktion.

Im Mailänder Teatro Ré sieht sie 1858 das Stück «Prosa» des Italieners Paolo Ferrari. Es begeistert sie als Inbegriff des neuen Dramas Italiens so sehr, daß sie sich um die Übertragungs- und Bearbeitungsrechte bemüht. Doch trotz mehrmaliger Umarbeitungen und der Intervention der Intendanten Dingelstedt (Weimar) und von Gall (Stuttgart), einem persönlichen Freund Stahrs, kommt das Stück *Poesie und Prosa* nie zur Aufführung. August Lewald, vom Hoftheater Stuttgart um ein Gutachten gebeten, lehnt es trotz der darin enthaltenen «großen Wahrheit, schöner, fruchtbringender Gedanken» wegen mangelnder Übertragbarkeit auf deutsche Verhältnisse und zu großer Weitschweifigkeit des Dialogs ab.[196]

Auf die «Herbstmonate in Oberitalien» (Oldenburg 1860), die Aufzeichnungen von einer Reise an den Comer See, nach Mailand, Genua, Turin, Verona und Venedig im September bis November 1858, bei der das kunsthistorische Interesse überwiegt, folgt *Ein Winter in Rom* (Berlin 1869). Dieser Bericht, von Fanny Lewald und Adolf Stahr gemeinsam anhand von Briefen an Freunde verfaßt, erinnert an einen langgehegten Wunsch, die Rückkehr nach Rom, an die Stätte ihrer Begegnung. Von Anfang November 1866 bis Ende Mai 1867 währt der Aufenthalt in der Via Sistina 101; beide sind Zeugen der Veränderung in einem Italien, das bis auf die Reste des Kirchenstaates um Rom und das österreichische Venetien seit 1861 politisch geeint ist. Fannys Berichte sind gekennzeichnet durch erlebte Gegensätzlichkeit einerseits, die sich zeigt in dem ständigen Kontrast zwischen Gegenwart und Historie, in der Ambivalenz zwischen Leben und Tod, dem üppigen Landleben unmittelbar neben Ruinen und Verfall; und durch selbstgeschaffene Gegensätzlichkeit andererseits, durch das Mitteilen des gleichzeitigen Entzückens und Entsetzens, das Schwanken zwischen dem Protest gegen mittelalterlich-rückständige Zustände im Kirchenstaat und der bereichernden Erfahrung des *mit den Sinnen leben*[197]. *Wir sehen einen Verfall um uns, wie er uns sonst kaum irgendwo entgegentritt. Das Volk ist verarmt, Bettler in Lumpen lassen uns keinen Schritt vor die Türe tun, ohne unsere Hülfe zu begehren – wir blicken auf prächtige Paläste edelsten Styls und daneben in Straßen und Häuser hinein, von deren Schmutz und von deren höhlenartiger Finsternis man sich kaum eine Vorstellung machen kann. Alles, was irgend durch Menschenhand verfertigt wird, ist hier teurer und schlechter als im ganzen übrigen Europa, das Volk seufzt unter der Last von Steuern, die auch auf den Fremden ihre rückwirkende Folge haben; es herrschen ein Aberglaube, eine Priestergewalt um uns her, die selbst dem nur halb aufgeklärten Römer das Herz aufregen; die Finanzwirtschaft, das Geldwesen sind so schlimm wie zur Zeit der Kipper und Wipper im deutschen Reiche; Scharen von müßiggängerischen Mönchen [...] lungern auf allen Wegen und Straßen umher – man sieht, man weiß das alles, man sagt sich, das dürfe, das könne nicht dauern; man hofft, es werde nicht lange mehr so dauern, und kommt trotz alledem nicht aus dem Entzücken heraus, das der Augenblick gewährt, und fragt sich kaum: Wie ist es möglich, daß du hier so glücklich bist? Man lebt im Grunde in einem beständigen völligen Widerspruche mit sich selbst und wird das gewahr und erträgt es dennoch ohne Schmerz, ja fast ohne Bedenken, denn man weiß, sowie man den Schritt hinausgetan hat aus den Zaubergärten, so ist das ganze, alte, klare Bewußtsein wieder da, und deshalb überläßt man sich willig dem Zauber, der auf unsere Sinne wirkt, der uns glücklich macht, indem er uns für kurze Zeit uns selbst entfremdet.*[198] Die facettenreiche Chronik berichtet anschaulich von Alltag und Geselligkeit in Rom, sie dokumentiert aber auch die elementare Erkenntnis der Autorin, Teil eines fortschreitenden, evolutionären Prozesses zu sein, der *wie der Strom der Zeit noch über die Mächtigsten und Größten hinweggeht, ohne daß durch ihr Verschwinden ein wesentlicher Aufenthalt oder eine dauernde Lücke in dem Fortschreiten der Gesamtheit bemerkbar wird*[199].

An die Stelle des ursprünglichen Plans, den Sommer 1867 in Neapel, auf Ischia und Capri, den Winter erneut in Rom zu verleben, tritt nach einer kurzen Reise in den Süden, die Stahrs Gesundheit zuliebe wegen der dort herrschenden Hitze und der drohenden Cholera abgebrochen wird, ein *Sommer und Winter am Genfer See*, so der Titel von Fannys Tagebuch über den Aufenthalt in der französischen Schweiz in Montreux und Glion, von Juni 1867 bis Juni 1868. Auffallender können Unterschiede nicht sein als zwischen dem von mittelalterlichen Strukturen bestimmten Rom und der modernen Schweizer Republik einerseits sowie zwischen der die Freiheit des einzelnen achtenden Selbstverwaltung in der Schweiz und dem in Lewalds Augen auf Verachtung und Mißtrauen gegenüber dem einzelnen Bürger basierenden *monarchistischen Polizeistaat*[200] Preußen. Der Respekt für die Schweizer Bürger, die sich von kirchlichen und weltlichen Herren und ihrer Bevormundung befreit haben, bestärkt die Autorin in ihrem Hoffen auf *Entwicklung des Menschengeschlechts in der wahren brüderlich liebevollen Menschlichkeit*[201].

Diesem Zweck dient auch der vom 9. bis 12. September 1867 in Genf stattfindende Friedenskongreß, an dem Fanny Lewald als Frau zwar nicht selbst teilnimmt, doch ihre *Zehn Artikel wider den Krieg* verlesen läßt. Ihr von häufigem Beifall unterbrochener Beitrag gilt als einer der bedeutendsten des gesamten Kongresses und belegt «fein und logisch, Jedem verständlich, in knappster Form [...], daß dasselbe Sittengesetz

Zehn Artikel wider den Krieg.

1.

Es ist ungesittet u. eines verständigen Menschen
unwürdig, seine Streitigkeiten mit einem andern
Menschen durch Faustkampf u. Stockprügel entscheiden
zu wollen.

2.

Was für einen Menschen ungesittet u. unwürdig ist,
ist auch für zehn, für hundert, für tausend u. für
hunderttausend Menschen gemein u. unwürdig.

3.

Wenn es schon ungesittet u. unwürdig ist, eigene
Streitigkeiten durch den Faustkampf zu schlichten,
so ist derjenige rachsuchtsärger u. unwürdiger,
der sich dazu gebrauchen lässt, sich auf den Befehl
eines Andern, zu dessen Vortheil, mit seinem
Mitmenschen herumzuschlagen, u. seine Mitmenschen zu morden, die ihm persönlich nichts zu Leid
gethan haben.

4.

Wenn zwei Menschen sich um ihres Vortheils willen auf der Straße raufen, lacht sie jeder Unver-
ständige u. Gebildete, u. niemanden fällt es ein, den
Finger zu bemühen.

5.

Warum bemühet man denn den Finger, wo
hunderttausend die Entscheidung zu Gunsten
eines Vortheils, der meist nicht der ihre ist, im
Faustkampfe suchen?

«Zehn Artikel wider den Krieg».
Seite 1 des eigenhändigen Manuskripts

für Hunderttausende wie für den Einzelnen gelten müsse, und es deshalb ebenso verwerflich für Nationen wie für Einzelne sei, zur Schlichtung von Streitigkeiten an die rohe Gewalt zu appellieren»[202].

Einen Höhepunkt des Schweizer Aufenthaltes stellt das Zusammentreffen mit dem einstigen Führer des «Jungen Italien», dem italienischen Freiheitskämpfer Giuseppe Garibaldi, am 8. September 1867 dar. Adolf Stahr beschreibt die Begegnung in einem Brief an seinen Sohn Alwin[203]: «Als wir eintraten stand Garibaldi auf und ging ihr mit ausgestreckter Hand entgegen. Es war mir ein Entzücken die beiden prachtvollen Köpfe nebeneinander zu sehen. Sie war übergossen von Röte der Erregung als sie die Worte zu ihm sagte:[204] ‹Haben Sie Dank, daß Sie uns das Beispiel der höchsten menschlichen Selbstverläugnung gegeben haben!› – ‹Ich habe meine Schuldigkeit gethan!›.» Zum Abschied äußert Fanny Lewald den Wunsch, daß ihre gemeinsamen Hoffnungen für die Menschheit in Erfüllung gehen mögen, und wird von Garibaldi mit einem herzlich erwiderten «Speriamolo» («Wir wollen es hoffen!») entlassen.

Die andere Seite Fanny Lewalds, ihre Neigung zu unterhaltsamen, humorvollen Plaudereien in charakteristischen Anekdoten, kommt bei dieser Reisebeschreibung nicht zu kurz. Die Schwächen ihrer Mitreisenden, insbesondere der in der Reiseliteratur des 19. Jahrhunderts zum Stereotyp gewordenen reisenden Briten, dienen der allgemeinen Erheiterung. *Ich habe ein Angebot erhalten,* läßt sie eine Irin, eine eifrige Autographensammlerin, an der Table d'hôte berichten, *aber man verlangt sehr viel dafür, und ich habe den Namen nie gehört, er soll auch ein Deutscher sein. – Wie heißt er denn? – Sie blickte in ihren Brief und buchstabierte: Etsch – i – ai – n – i! do you know him? – Es war wirklich eine Kunst, Heine darin zu erkennen, und wir waren schon dem Lachen nahe genug, als sie mit ihrer Frage: do you think, he is twelve francs worth? – uns in ein lautes Lachen ausbrechen machte.*[205] Diese Sammlung von 34 Briefen trägt das Merkmal des Spontanen und Impressionistischen, das bis zum 1883 erschienenen *Vom Sund zum Posilipp* – mit Ausnahme der *Reisebriefe aus Deutschland, Italien und Frankreich* von 1880, die sich eher in direktem erzieherischem Appell an die Leserinnen der «Kölnischen Zeitung» daheim wenden – allen Reisebüchern und -Briefen Fanny Lewalds eigen ist. In diesem Genre brilliert die Autorin eher als in den umfangreichen Romanen wie *Von Geschlecht zu Geschlecht,* obwohl dieses Werk ihrer Meinung nach ihren Ruf als Dichterin begründet und sie ihm in ihren 1871 bis 1874 erschienenen *Gesammelten Werken* neben *Meine Lebensgeschichte, Clementine, Auf rother Erde, Jenny, Eine Lebensfrage* und *Das Mädchen von Hela* eine zentrale Position zuordnet. Ihre pointierte und treffende Darstellungsweise, die Fiktion, zu improvisieren, aus dem Stegreif und im Augenblick zu erzählen, kommt noch einmal in den Figurenporträts *Zwölf Bilder nach dem Leben* (1888) zur Geltung, in denen ihre prominenten Zeitgenossen, Franz Liszt, Fürst Hermann von Pückler-Muskau, Heinrich

Giuseppe Garibaldi.
Foto (Ausschnitt),
um 1870

Heine, die Schauspielerin Wilhelmine Schröder-Devrient, die Sängerin Caroline Ungher-Sabatier u. a. in lebendigen Plaudereien aus der Vergangenheit der geistreichen Erzählerin auftreten.

Die Frauenrechtlerin:
«Für und wider die Frauen»

Ich habe innerlich manchmal die größte Lust, alle meine Arbeiten liegen zu lassen und Pamphlete zu schreiben[206], bekennt Fanny Lewald ihrem Freund Johann Jacoby im Februar 1862, in der Hoffnung, damit einen größeren Leserkreis ansprechen und eine unmittelbare Wirkung erzielen zu können. Nach dem Dornröschenschlaf des Nachmärz – eine Zeit, in der die Ideen der Revolution niedergehalten, ihre Errungenschaften beseitigt, das Dreiklassenwahlrecht eingeführt, Sozialisten verfolgt, Presse- und Meinungsfreiheit unterdrückt werden – wird das Wiedererwachen politischer Aktivitäten zu Beginn der Regentschaft Wilhelms I. von Preußen (1858) freudig begrüßt. Als erste Parteien gegründet werden, gelten Lewalds Sympathien zunächst den rechten Liberalen, der 1849 in Gotha von den einstigen Koryphäen der Nationalversammlung Gagern und Simson gegründeten Gruppe der Gothaer, deren Ziel die Einigung

Deutschlands ohne Österreich unter Führung eines preußischen Königs ist: *Es sind doch wenigstens gebildete Menschen! Menschen, mit denen man einen menschlichen und ethischen Zusammenhang hat – die nicht meinen die Wissenschaft müsse rückwärtsschreiten –, nicht Schiller und Goethe die ‹sogenannten Klassiker› nennen und nicht für Prügelstrafen votieren können. […] Die Hauptsache, es steht doch wieder fest, daß eine demokratische Partei im Lande existiert […].*[207] Adolf Stahr wird Mitglied der 1861 gegründeten Deutschen Fortschrittspartei, die für die traditionell (links-)liberalen Forderungen eintritt; Fanny allerdings hält die Partei für verlogen und konservativ: *Sie haben keinen Mut, das ist's! […] Sie fürchten immer aufzufallen, etwas Unerhörtes, ja auch nur etwas Unbeliebtes zu tun. Sie stehen nach dreizehn Jahren noch auf dem blödsinnigen Standpunkt zwischen Katze und Maus. […] Felsenfest aber ist meine Überzeugung, daß diese Legislation die Zukunft in die Hände der Lassalles und Konsorten liefert! […] Man atmet auf, wenn man die phantastische Energie seines Wollens und die konzentrierte Kraft seiner Rede hört.*[208]

Noch immer hält Fanny Lewald die Republik für die einzig vernünftige Regierungsform, zumal in Zeiten des Krieges, die beweisen, *daß die Völker wahnsinnig sind, welche statt sich selbst zu regieren, ihr Schicksal in die Hände einzelner Dynastien legen*[209], und den Konstitutionalismus für etwas *ungemein Depravierendes, weil im Grunde jeder sich unverantwortlich fühlt. Der König ist unverantwortlich – wozu ist er also da?*[210] Die Ereignisse von 1862 geben ihr recht: Trotz des Siegs der Fortschrittspartei und des linken Zentrums in den Neuwahlen nach einer Ministerkrise und der Auflösung des preußischen Landtags werden rigoros die Ansprüche des Königs auf eine Heeresreform durch Truppenverstärkung durchgesetzt. Als der Landtag die Geldmittel dazu verweigert, regiert der frisch ernannte Ministerpräsident Bismarck entgegen der Verfassung ohne Haushalt. Die Chancen, liberale Forderungen zu verwirklichen, werden immer geringer: *Politik? Ja, da geht's hübsch vorwärts bergab.*[211]

In solchen Zeiten sind es immer wieder die sozialen Aktivitäten, die Fanny Lewald mit Interesse verfolgt. Sie greift zur Zweckform des Zeitungsartikels und des Briefs, die stets ihr erzählerisches Werk begleitet haben und auf die sie mehr und mehr die didaktisch-appellative Erzählweise ihrer Tendenzromane verlagert. Hier zeigt Lewalds dialektisch-rhetorisches Geschick Wirkung, ihre Appelle verhallen nicht ungehört, ob es sich nun um die Öffnung der Museen an Sonn- und Feiertagen handelt (*Bitte um eine große Weihnachtsbescherung*, 1858), die ihr eine Dankadresse mit 555 Unterschriften von Berliner Buchdruckern und Schriftsetzern einbringt, um die Unterstützung einer Altersversorgung für Lehrerinnen (*Der Bazar für das Feierabendhaus in Steglitz*, 1883), ein Asyl für Obdachlose (*Nach Berlin*, 1870), die Einrichtung von *Theebuden* (1870) für Arbeiter im Winter, den pazifistischen Aufruf gegen die Unvernunft der Kriegsführung (*Zehn Artikel wider den Krieg*, 1867) oder um ihre frauenemanzipatorischen Schriften *Osterbriefe für die Frauen* (1863), *Für die Gewerbthätigkeit der Frauen* (1869, auch erschienen unter dem Titel *Für und wider die Frauen*, 1870), *Die Frauen und das allgemeine Wahlrecht* (1870), sowie die Autobiographie *Meine Lebensgeschichte* (1861/62), die ebenfalls ein didaktisches Ziel verfolgt. Diese Schriften, die von den Aktivitäten der Arbeiter- und Handwerkervereine, an deren Versammlungen Fanny Lewald teilnimmt, beeinflußt werden und diese wiederum anregen, bringen der Autorin internationales Renommee ein. Ein deutsch-amerikanisches Magazin, die «Westliche Post St. Louis», fordert sie auf, ein Gutachten über die politische Emanzipation der Frauen zu verfassen, das auf einer Versammlung von Frauenrechtlerinnen zur Diskussion gestellt wird. Wenn sie auch in Kontakt zu ihren Leserinnen steht, die sie als soziale Instanz betrachten und von ihr *in ihrer unbehilflichen Hilflosigkeit Rath für ihre Lebensführung und Erwerbsthätigkeit haben wollten* [212], beteiligt sie sich doch selbst nie an den Aktivitäten der Frauenbewegung, hält nichts von öffentlichen Auftritten und agitatorischer Arbeit. Dennoch steht sie deren vordringlichen Zielen – Bildung und soziales Wirken – sowie ihren Aktivitäten, der Gründung von Bildungs- und Hilfsvereinen für Arbeiterinnen, Näherinnen und Dienstmädchen, der Einrichtung von Volksküchen und Bildungsinstituten sehr nahe. Wie die frühen Vertreterinnen der bürgerlichen Frauenbewegung, zum Beispiel Louise Otto, die in ihrer Frauenzeitschrift alle Institutionen mit dem Ziel weiblicher Berufsausbildung unterstützt, sieht auch Fanny Lewald Bildung als ein Mittel zur Lösung der Probleme der unverheirateten Frau an. Beide fordern die persönliche, wirtschaftliche und gesellschaftliche Selbständigkeit der Frau, weniger ihre Selbstentfaltung.

Im Jahr 1843, zur Zeit erster Ansätze einer deutschen Frauenbewegung – ausgehend von der revolutionären Forderung nach Teilnahme der weiblichen Welt am «Staatsleben» – veröffentlicht Fanny Lewald den anonymen Aufsatz *Andeutungen über die Lage der weiblichen Dienstboten*, in dem sie sich im Sinne einer allgemeinen Verbesserung der bürgerlichen Gesellschaft für menschenwürdige Behandlung, gerechte Entlohnung, Hilfe zur Selbsthilfe in Alter und Krankheit durch Ansparen eines Notpfennigs und für die Ausgabe von Prämien an die lebenslang abhängigen Dienstboten einsetzt, die sie auch nicht länger mit der stigmatisierenden Bezeichnung «Dienstboten», sondern vielmehr als «Gehilfen» anzureden wünscht. An diesen frühen Aufsatz knüpfen 1863 die zehn *Osterbriefe* an, deren Titel konkret die gesellschaftliche Praxis aufgreift, Mädchen der «handarbeitenden Stände» unmittelbar nach dem Ende ihrer Schulzeit und ihrer Einsegnung zu Ostern völlig unvorbereitet in Dienst zu geben. In der übertragenen Bedeutung verweist der Titel auf die Zielsetzung der Aufklärung: die Auferstehung der Menschen aus ihrer selbstverschuldeten Unmündigkeit. Mit dem Appell an die Unterstützung durch die Arbeitgeberinnen, bürgerliche Hausfrauen, und die

«Die verschiedenen Stände der Frau». Bilddruck nach einem Motiv
von Fridolin Leiber, um 1890

Männer der Betroffenen, ihre Väter und Brüder sucht Fanny Lewald für
die Frauen Anschluß an Demokratisierung und Emanzipation zu errei-
chen, die ihnen bisher verwehrt blieben. Das Ziel einer Umgestaltung
der gesellschaftlichen Verhältnisse hält sie für erreichbar durch Bildung
und Ausbildung in privater Initiative der Arbeitgeber, in Vereinen nach
dem Vorbild der Handwerker- und Arbeiterbildungsvereine, im organi-
sierten Zusammenschluß der Frauen – *Tut Euch also zusammen, ihr
Frauen und Mädchen, [...] organisiert Euch, denn Organisation allein
kann helfen*[213]. Aber sie fordert auch gesamtgesellschaftliche Verantwortung für arbeitende Frauen, denen Unterkünfte, Kleinkinderbewahr-
anstalten, Krippen etc. zur Verfügung gestellt werden müssen.

DIE ARBEITERIN.
... die'in Werkstatt mit Fleiß
...liche Arbeit mit Geschick.

DIE BÄUERIN.
Ich blick' vertrauend auf zu Gott,
Er gibt durch mich Euch Aller Brot.

Als Illustration eines Dienstbotenschicksals war vier Jahre zuvor Lewalds erfolgreicher Roman *Das Mädchen von Hela* erschienen, in dem sie, wiederum beeinflußt von George Sand und deren Dienstmädchenroman «Jeanne», mit dem Klischee der von unzufriedenen Herrschaften geäußerten «Klage über Dienstboten» aufräumt, sich glaubhaft und einfühlsam der Problematik aus der Sicht der Betroffenen annimmt und deren Situation als Teil der sozialen Frage behandelt. Als gesellschaftliche Außenseiterin aus dem ländlichen Kleinbürgertum erfährt die Protagonistin Katharina, wegen ihrer Attraktivität und Andersartigkeit als Hexe verschrien, ihre Existenz als vorbestimmten Teufelskreis. Lebenslanges Dienen macht sie schließlich unfähig zur Selbstbehauptung, die Klassengegensätze reiben sie auf und entfremden sie von sich selbst; der Aberglaube beherrscht sie vollständig.

Richten sich die *Osterbriefe* an die *Frauen der armen Volksklassen*, Fanny Lewalds Autobiographie an die *Frauen der halbbegüterten Stände*, um die einen *vor der Prostitution zu bewahren, die jetzt auf die eine oder die andere Weise ihr Loos ist*[214], die anderen vor der erniedrigenden Konvenienzehe, dann richten sich die vierzehn Briefe *Für und wider die Frauen* an die Allgemeinheit und dokumentieren den Anspruch der Frau auf Bildung und Arbeit: *Die Wissenschaft ist für die Frauen keine andere als für die Männer*[215], meint die Autorin, die glaubt, daß höhere Töchterschulen oder Universitäten für Frauen und eine einseitige Orientierung auf sogenannte Frauenberufe den Frauen keine völlige Gleichberechtigung und nur unzureichende Entwicklung ihrer Fähigkeiten einbrächten. *Wer wirklich ein Befreier des weiblichen Geschlechts werden will, muß daher vor allem dazu thun, es von seiner unheilbaren Sonderstellung zu erlösen.*[216] Für sich selbst hat Fanny Lewald auch nie eine berufliche Sonderstellung erwartet, sie teilt die Meinung Madame de Staëls, daß Genie nicht an das Geschlecht gebunden sei, und bezeichnet sich selbst als «Schriftsteller». Um allen Frauen eine solide Ausbildung zu verschaffen, mit deren Hilfe sie in der Lage sein sollen, sich selbst zu ernähren, fordert sie die gleichen Real- und Gewerbeschulen für die Frauen wie für die Männer. Sie ist überzeugt, daß jeder Mensch berechtigt sei, *dasjenige zu lernen, wozu er die Neigung fühlt, und dasjenige auszuüben, was er zu seinem und anderer Menschen Vorteil gut auszuüben vermag*[217], und verlangt, daß den Frauen, die in Kunst und Kultur bereits bedeutende Positionen einnehmen, auch gesellschaftliche Ämter, Ehren und Auszeichnungen nicht länger verwehrt bleiben, das passive und aktive Wahlrecht inbegriffen. Das prinzipielle Recht der Frauen darauf – das zu gewähren ihr noch verfrüht erscheint – sieht sie jedoch gebunden an die Bedingung, *daß sie sich selber von ihren Thorheiten emancipieren*[218]. Fanny Lewald macht sich bei ihren Geschlechtsgenossinnen vielfach unbeliebt, wirft ihnen Müßiggang, Eitelkeit, Putzsucht und gesellschaftliches Desinteresse vor: *Wer arbeiten muß, darf sich am Morgen nicht fragen, ob die leise Wolke, die auf seinem Gehirne liegt, wohl eine Migräne werden könnte, und darf nicht im weichen, mit Gardinen verhängten Lotterbette warten, ob die Migräne kommt. Mit den glasklaren, krallenartig zugespitzten Nägeln, welche am Morgen eine halbe Stunde Zeit hinnehmen und denen man es ansieht, daß nichts als Filet und Tapisserie damit gemacht werden können [...] kann man im Hause und für sich selbst nichts schaffen.*[219] In ihren Romanen, vor allem in ihren Memoiren *Zwölf Bilder nach dem Leben*, zeigt Fanny Lewald gern ein anderes Frauenbild, entweder die ehrlich-rechtschaffene Bürgersfrau oder die beruflich aktive und engagierte Frau und Künstlerin aus ihrem Freundes- und Bekanntenkreis wie Johanna Kinkel, Caroline Ungher-Sabatier oder Wilhelmine Schröder-Devrient und viele andere mehr. *Für den Umgang mit Frauen gewöhnlicher Art*, bekennt sie ihrem Neffen Wilhelm Gurlitt, sei sie *total verdorben. Ich leide unter der Trivialität des Kleinkrams ihrer Interessen.*[220]

«Wandlungen»

Die Erzählerin der «Gartenlaube»

Ein nicht minder populäres, höchst einträgliches, aber weit weniger re-
nommiertes Betätigungsfeld Fanny Lewalds ab Ende der fünfziger Jahre
ist das des Familienblatt- und Fortsetzungsromans. 1849 verweigert sie
noch einen Zeitschriftenabdruck ihres Reisetagebuchs *England und
Schottland*, überzeugt, *daß ich [...] besser thue, ein solches, grösseres Werk
unzerstückelt herauszugeben, da die Zerstückelung immer die Pointen ab-
bricht während des Drucks im Journal, u. später der eigentliche Reiz der
Neuheit fehlt*[221]. 1873 dagegen rechtfertigt sie die Praxis des Fortsetzungsromans mit dem erzieherischen Aspekt der Volksbildung: *Es ist mit
dem Bruchstücklesen immer ein mißlich Ding. [...] Im Allgemeinen aber
habe ich eigentlich für die große Menge Nichts dagegen, wenn ihr der Roman sehr allmählich geboten wird. Ich habe die Erfahrung gemacht, daß
sie nur auf diese Weise dazu zu bringen ist, sich in eine Dichtung ordentlich
hineinzudenken und hineinzuleben, und ich habe es oft bedauert, daß ich
bis vor etwa 14, 15 Jahren es standhaft verweigert habe, meine Romane in
Zeitungen erscheinen zu lassen. Die Verbreitung durch dieselben ist unver-
hältnismäßig größer, und die Wirkung auf die Gesamtheit durch die Zeitungen am Bedeutendsten, und darauf kommt es doch an.*[222] Als Prototyp
des Familienblatts gilt die ab 1853 erscheinende «Gartenlaube», die als
Zeitschrift für das mittlere Bürgertum Volkserziehung mit politischem
Interesse verbindet, indem sie über Bildung dem Bürgertum Zugang
zum gesellschaftlichen und politischen Leben eröffnet und zu Bürger-
stolz und nationalem und humanitärem Liberalismus erzieht. Die «Gartenlaube», das erste deutsche Massenblatt mit einer Auflage von mehr
als 100000 Exemplaren im Jahr 1861, pflegt (zumindest bis 1870) eine
liberale Tendenz, ebenso wie das Feuilleton der «Kölnischen Zeitung»,
für die Fanny Lewald häufig schreibt. Andere Publikationsorgane
ihrer Romane sind die gängigen Familienblätter wie «Westermanns
Monatshefte», «Blätter für literarische Unterhaltungen», «Über Land
und Meer» oder «Freya». Auflagenschwache Tageszeitungen wie das
«Kreuznacher Tageblatt» hoffen, den Absatz mit einem Romanabdruck

No. 49.   1889.

Die Gartenlaube.

Illustrirtes Familienblatt. — Begründet von Ernst Keil 1853.

Wöchentlich 2 bis 2½ Bogen. — In Wochennummern vierteljährlich 1 Mark 60 Pfennig oder jährlich in 14 Heften à 50 Pf. oder 28 Halbheften à 25 Pf.

Eine Erscheinung.

Nachdruck verboten.
Alle Rechte vorbehalten.

Hinterlassene Erzählung von Fanny Lewald.

Die nachfolgende Erzählung, die letzte der berühmten Verfasserin, an welcher sie bis zu ihrem Tode arbeitete, ist nach demselben auf Grund ihrer eigenen schriftlichen und mündlichen Angaben von berufener Feder vollendet worden. Die „Gartenlaube" hat das interessante Manuskript von den Hinterbliebenen erworben und freut sich, es nunmehr ihren Lesern darbieten zu können.

1.

Ich nenne nicht die Zeit und bezeichne nicht den Ort, an welchem diese Erscheinung vor mir aufgetaucht ist.

Ich war auf der Reise, hatte den ganzen Tag auf der Bahn zugebracht und war dicht an dem Ziele, an welchem wir einen Aufenthalt von mehreren Tagen zu machen beabsichtigten, als der Zug plötzlich anhielt, weil ein anderer Zug, der den unsern an dieser Stelle zu kreuzen hatte, noch nicht eingetroffen war. Aus meinem müden Hinträumen aufgeweckt, blickte ich zum Wagenfenster hinaus und sah gleichgültig nach dem Wärterhäuschen hinüber. Es unterschied sich in nichts von allen anderen, an denen wir vorübergekommen waren. Ein paar Gartenbeete mit Gemüsen bestellt, ein paar Georginen und Stockrosen zur Rechten und zur Linken. Selbst daß neben einem Hügel, der sich wie ein Grab ansah, ein Kruzifix aufgerichtet war, hatte nichts Ungewöhnliches. Wir waren in katholischem Lande. Christusbilder und Kapellen fanden sich oftmals, wo man sie am wenigsten erwartete.

Ohne daran zu denken, sah ich nach dem Wärter hinüber. Er stand, die Signalfahne regelrecht an der Schulter, fest auf seinem Posten — und wie mit einem Zauber steigt eine ferne, ferne Vergangenheit

vor mir empor. Ein Name, ein Ruf drängen sich mir auf die Lippen. Aber er war ja todt! — Und dennoch!

So erschreckend, so hell wie dieses Mannes Augen hätten eines Fremden Augen nicht aufgeleuchtet, als die meinen ihm begegneten. Obschon er sich mit seiner Signalfahne unbeweglich in seinen Schranken hielt, konnte ich erkennen, daß er mich bemerkte, daß meine Ueberraschung ihm nicht entgangen war, daß er den Blick geflissentlich von dem Wagen abgewendet. —

Indeß, der Telegraph läutete, die Lokomotiven ließen ihre Zeichen erschallen, der vom Süden kommende Kurierzug sauste an uns vorüber, die Bahn wurde dadurch frei, und die Wärterbude und der Wärter waren unserem Blick entschwunden.

„Unbegreiflich!" rief ich aus.

„Was hast Du?" fragte meine Gefährtin.

„Ich habe einen Todten lebendig vor mir gesehen! Einen, der gestorben ist vor sieben, acht Jahren!"

„Also eine Aehnlichkeit — mit wem?" fragte sie weiter.

„Nein! keine bloße Aehnlichkeit! So können zwei Menschen nicht einander gleich sein! Ich habe ihn gekannt in seiner frühen Jugend, ihn danach wiedergesehen in der Kraft und Schönheit, im Glück seiner Mannesjahre —"

„Seine" Weihnachtsbescherung.
Zeichnung von R. Gutschmidt.

Fanny Lewalds in die Höhe zu treiben. Beliebtes Thema der Romane in bürgerlichen Zeitungen ist die Konfrontation von Adel und Bürgertum, ein Muster, dem Lewalds Journalromane *Der Seehof, Graf Joachim, Nella, Die Erlöserin, Helmar, Von Geschlecht zu Geschlecht* ebenso folgen wie Arbeiten ihrer Kollegen Friedrich Spielhagen, Paul Heyse, Levin Schücking oder gar der Erfolgsautorin der «Gartenlaube» schlechthin – Eugenie Marlitt. Auch bei ihr finden sich Einflüsse des jungdeutschen Zeitromans und antiaristokratische Tendenzen. Es ist sicher nicht ehrenrührig, diesem Kreis anzugehören, zu dem auch andere ehemals jungdeutsche Autoren wie Laube, Gutzkow, Freiligrath und Willkomm zählen. Allerdings geraten diese Autoren ins Fahrwasser nationalstaatlicher Bestrebungen, so daß ehemals oppositionelle Überzeugungen konservativen Gedanken und Einflüssen weichen oder von diesen überlagert werden – ein Phänomen, das auch bei Fanny Lewald festzustellen ist, trotz und neben allem kritischen Engagement.

Dem Selbstverständnis der Familienblätter als Pfleger eines häuslichen Refugiums, als Stützen einer neuen Familiengesellschaft in einem nach innen und außen gefestigten Nationalstaat entsprechen Anweisungen an die Autoren zur Gestaltung und zum Inhalt ihrer Beiträge. Dem Muster einer ereignisreichen und spannenden Handlung, bei der auf politisch-religiöse Tendenzen, moralisch Anstößiges wie Scheidung oder gar Erotik verzichtet wird, entspricht Fanny Lewalds Gartenlaubenroman *Der letzte seines Stammes* (1862) in vollem Maße. Die Handlung, die während der Französischen Revolution spielt, stellt den adeligen Protagonisten in den Gesellschaftskreisen des legitimistischen Frankreich und der republikanischen Schweiz als lebenden Anachronismus dar und enthält keinerlei Hinweis auf Zeitgenössisches – weder auf die Ernennung Bismarcks zum preußischen Ministerpräsidenten, sein eindeutiges Eintreten gegen Liberalismus zugunsten staatlicher Macht, noch auf die brisante Diskussion um die «kleindeutsche» Lösung eines deutschen Bundesstaates unter Führung Preußens. Das dort und in anderen Romanen und Erzählungen – *Nella, Martina, Die Stimme des Blutes* – propagierte Bild der Frau zeigt diese nicht etwa als kämpferisch Emanzipierte – in dieser Funktion allenfalls zum Klischee oder zur Karikatur erstarrt –, sondern als pflichtbewußte und tugendhafte Ehefrauen und Mütter – bisweilen emblematisch als Madonna stilisiert –, die ihren kulturellen Auftrag zur sittlichen Verbesserung der bürgerlichen Gesellschaft erfüllen. Einen Widerspruch zu den Zielen und Überzeugungen der bürgerlichen Frauenbewegung stellt das nicht dar, gehören doch zu deren wesentlichen Elementen, dem «Veredelungsgedanken entsprechend», «Sittlichkeit, Unbescholtenheit und ein entsprechend keimfreier Lebenswandel»[223], denn Sexualmoral gilt als Bastion gegen Sittenlosigkeit, Verelendung und Prostitution.

Ein Kritiker der 1877 bei dem Fontane-Verleger Wilhelm Hertz er-

Verlag von **Wilhelm Hertz** (Besser'sche Buchhandlung) in Berlin.

Binnen Kurzem erscheint in unserm Verlage:

Neue Novellen

von

Fanny Lewald.

Inhalt:

Die Stimme des Blutes.

Ein Freund in der Noth.

Martina.

---

23 Bogen Octav elegant geheftet 6 M.

Bezugsbedingungen:

in Rechnung 33⅓ % und auf 12 Exemplare mit einem Male 1 Freiexemplar.

Vor Erscheinen baar bestellte Exemplare mit 40 % und auf 8 mit einem Male bestellte Exemplare 1 Freiexemplar.

Herr **F. Volckmar** liefert in eleg. Lnbd. gebundene Exemplare (Lbpr. 7 M.), die vor Erscheinen bestellt sind, mit 4 M. 30 Pf. baar.

Diesen neuen Novellen Fanny Lewalds wird der Beifall und die Bewunderung insbesondere zufallen, deren sich die Verfasserin in ihrem wohl erworbenen und sichern Verhältnisse zu dem großen Kreise ihrer Leser erfreut.

Eine thätige Verwendung für dieselben erbitten wir von unsern Geschäftsfreunden.

Berlin NW., 10 Marienstraße. März 1877.

Achtungsvoll

Wilhelm Hertz
(Besser'sche Buchhandlung).

Von Wilhelm Hertz in Berlin verlange fest mit 33⅓ % Rabatt	Von Wilhelm Hertz in Berlin verlange baar mit 40 % Rabatt	Von Herrn F. Volckmar in Leipzig verlange:
(11/10)	(9/8)	baar.
Lewald, Novellen, Ladenpreis 6 M.	**Lewald, Novellen.** Ladenpreis 6 M.	**Lewald, Novellen.** Gebunden. Lbpreis 7 M., baar 4,30.
Ort: Name:	Ort: Name:	Ort: Name:

Verlagsanzeige für Fanny Lewalds «Neue Novellen»

schienenen *Neuen Novellen*, Ende 1876 vorab in «Westermanns Monatsheften» gedruckt, was der Autorin zum Verlagshonorar von 1200 Mark (Auflage 1125 Exemplare) zusätzlich 90 Mark einbringt, ist der Ansicht: «Diese Novellen gehören ohne Frage zu den bestgeschriebenen unserer Tage, zu den reifsten Schöpfungen Fanny Lewalds.»[224] Über die in der Sammlung enthaltene Erzählung *Martina*, in der die Titelheldin, Tochter eines polnischen Grafen, nach der fehlgeschlagenen polnischen Revolution von 1831 eine erzwungene Ehe mit einem ungeliebten russischen Adeligen eingeht, um das Leben der Eltern zu retten, und ihrer Jugendliebe auch bei einem späteren Wiedersehen standhaft entsagt, heißt es: «Auch hier ist die Klarheit der Empfindung zu loben, und die Gespräche über Freundschaft, Liebe und Ehe dürften besonders bei manchen Frauen nicht ohne Eindruck bleiben.»[225] Auffallend sind progressive Äußerungen des männlichen Protagonisten, der die grundsätzliche Andersartigkeit der Frauen in Frage stellt: *Ich habe an den Frauen allgemein die Eigenschaften, die sie sich als ihre schöne Besonderheit, als ihres Geschlechts Vorzüge zuzuerkennen lieben, nicht in höherem Grade als bei den Männern vorherrschend gefunden. [...] Sie haben in der großen Masse nicht mehr Herz, haben ebenso viel Sinnlichkeit als wir, sind nicht beständiger in ihren Verbindungen, und schließlich in ihrer Hingebung weit berechnender als der Mann, was ja in der Naturbedingniß seine Berechtigung hat.*[226] Vielmehr versucht er zu erklären: *Die Frauen sind dasjenige geworden, wozu man sie gemacht hat. Man hat sie wie Kinder und Sklaven gehalten, sie haben auch alle die Eigenschaften und Fehler von Kindern und von Sklaven und da man sie noch heute in dem Dogma erzieht, daß sie an sich nichts sind, haltlos sind, und nur durch den Mann zu etwas werden können, so suchen sie natürlich einen Mann und suchen sich an ihm um jeden Preis den Halt zu schaffen, durch den sie etwas werden sollen, gleichviel wozu.*[227] Diesen Einsichten stehen Handlungsweise und Aussagen der Titelheldin diametral gegenüber, die erotische Liebe in der Mutterliebe zum Sohn kompensiert: *Seit er mir zuerst gelächelt, seit sein Auge mich gesucht, seit seine Hände sich nach mir ausgestreckt, habe ich die Möglichkeit begriffen, mich neu aufzurichten, und habe mich ihm, ihm ganz allein gelobt.*[228] Diese Haltung läßt die zuvor zitierte überschwengliche Kritik befremdlich erscheinen.

Fanny Lewalds Feuilletonromane zeigen Tendenzen der Vereinfachung und Trivialisierung, die nicht zu leugnen sind. Auffällige Schwarzweißmalerei und typenhafte Figurendarstellung unterstreichen beispielsweise die Botschaft vom guten Bürger und bösen Adeligen, Zufälle lassen die Handlung, die oft nach sensationellen Umwegen in ein Happy-End mündet, konstruiert erscheinen. Von reiner Effekthascherei der Bühnenautorin Charlotte Birch-Pfeiffer und ihrer Trivialdramatik, die kein Mittel scheut für den Erfolg beim zahlenden Publikum, ist Fanny Lewald dennoch weit entfernt. Sie ist zwar geschäftstüchtig, aber nicht geschäftssüchtig. Sie sucht nicht krampfhaft nach Stoffen und nimmt auch nicht jede angebotene Arbeit an. Die Unterhaltsamkeit ihrer Arbeiten und die eigene Schaffensfreude unterstehen stets der *sittlichen Pflicht des Dichters gegen seine Nation*[229], der Selbstzensur und Unterdrückung all dessen, was das sittliche Gefühl des Lesers verletzen könnte, wie es im Kolportageroman und Pfennigmagazin geschieht, in denen die Autorin eine Gefahr für die bürgerliche Moral sieht. Einem Vergleich mit ihren Romanen halten etwa Marlitts Arbeiten nicht stand, weder inhaltlich – mangelnde Tatkraft und Fatalismus der bürgerlichen Figuren Marlitts lassen oft Zweifel an den antiaristokratischen Tendenzen aufkommen – noch sprachlich. Fanny Lewalds routinierte Erzähltechnik und präzise, treffende Ausdrucksweise stehen in scharfem Kontrast zu Marlitts mit Adjektiven überfrachteter Diktion, wenngleich beide Autorinnen zuweilen mit dem Märchenmotiv und Stereotyp des Aschenbrödels arbeiten.

Die Anhängerin Bismarcks

Problematischer als die Verwendung des Aschenbrödel-Motivs, das in der Erzählung *Nella* (1869) den sozialen Aufstieg einer Webertochter und die Heirat mit dem Jugendfreund und Fabrikantensohn kennzeichnet, ist hier die Haltung des Unternehmers, der aus Angst vor der Arbeiterschaft Distanz sucht. Die humanitäre Haltung des Unternehmers in der frühen Novelle *Der dritte Stand* weicht in *Vater und Sohn* (1881) kühler Berechnung: Forderungen nach höherem Lohn und Arbeitszeitverkürzung – die Realität der dreißiger und vierziger Jahre kennt durchaus Vierzehn- bis Achtzehn-Stunden-Tage, selbst nach Einführung von Kinderschutzbestimmungen ab Mitte der fünfziger Jahre arbeiten Zwölf- bis Vierzehnjährige noch zwölf Stunden am Tag – erscheinen aus der Sicht des Unternehmers maßlos und unberechtigt, die soziale Hilfstätigkeit erstreckt sich nur mehr auf Palliative: Eine Handarbeitsschule soll, durchaus im Sinne der bürgerlichen Frauenbewegung, deren Grenzen hier sichtbar werden, über die Bildung der Frau die Verbesserung der Lebensbedingungen der Arbeiter im allgemeinen bewirken. Selbst positiv gezeichnete Figuren betrachten Arbeiter als *Elemente, und zwar sehr geringer Natur*[230].

Fanny Lewald geht hier hinter ihre progressiven Forderungen aus dem Vormärz zurück, sie legt auch eine geänderte Einstellung gegenüber der Technik als Motor sozialen Wandels sowie gegenüber den ehemals idealisierten Arbeitern und Barrikadenkämpfern von 1848 an den Tag.

Nach zwei mißglückten Attentaten auf Kaiser Wilhelm I. im Jahr 1878, die den Arbeiterführern angelastet werden, empfindet das Bürgertum die Arbeiterbewegung als bedrohlich. Fanny Lewald nimmt die *Frevelthaten gegen unseren greisen Kaiser* als Anlaß, um in ihrem Brief *Die Frauen in der Familie und der Sozialismus*[231] Zeitkritik zu üben und davor zu warnen, Klassenhaß und sozialen Neid durch die Demonstration von bürgerlichem Luxus zu schüren. Auch die von ihr befürwortete Beteiligung von Arbeitern am Aktienkapital ist als pazifizierende Maßnahme zu verstehen. An einer anderen als einer sozialen, einer politischen Lösung der Arbeiterfrage hat Fanny Lewald kein Interesse, ihre Jugendbegeisterung für den Sozialismus ist der Angst vor einer nicht zu berechnenden Gefahr gewichen, vor zerstörerischer Gewalt und Barbarei, die für sie vom Sozialismus und Kommunismus ausgeht: *Unter der Commune, in der das Genie Kartoffeln graben soll, um die nötige Motivation zu haben kann nichts entstehen als neue Vertierung.*[232]

Einer der Begründer der deutschen Sozialdemokratie, Ferdinand Lassalle, war einst, vor allem in der Saison 1858/59, ständiger Gast bei den Montagabenden im Haus Lewald-Stahr und fand Bewunderung: *[...] und die Wonne einmal die leuchtende Wahrheit zu sehen und zu hören, die haben Sie, bester Herr Doktor! mit Ihrer «Verfassungsrede» mir einmal so voll und ganz gewährt, daß ich Ihnen von Grund des Herzens dafür danken würde, auch wenn ich selbst durch Ihre Deduktion nicht um die Feststellung eines Begriffs reicher geworden wäre. Es ist ein Meisterwerk. [...] Haben Sie Dank! und mehr! – mehr! So muß den Leuten – und auch mir – alles beleuchtet werden, wovon sie sprechen, ohne es zu kennen, woran sie glauben, weil sie es nicht verstehen...*[233] Es wurde ihm aber auch Fanatismus vorgeworfen, der den gesellschaftlichen Umgang mit ihm schwierig gestaltete. Zu Differenzen zwischen Stahr und Lassalle, die Lassalle bereits ab 1858 immer deutlicher von der Haltung der Berliner Liberalen abrücken lassen, kommen Gegensätze hinzu mit «Freunden und Bekannten, die alle oder fast alle Ihre Gegner sind», so Stahr an Lassalle am 4. Mai 1864.« [...] meine Frau und ich, können uns und Sie nicht in die Lage bringen, in meinem Hause mit acharnierten Gegnern zusammenzustoßen, mit denen wir uns schon ohnedies über Sie lebhaft genug in Ihrer Abwesenheit herumzustreiten haben.»[234]

Fanny Lewalds Salon gilt als ein «Salon des Übergangs»[235], an dem sich die nachrevolutionäre Entwicklung in Literatur und Politik bis zur Bejahung der «Realpolitik» Bismarcks ablesen läßt. Verkehren dort bis 1866 revolutionäre Demokraten von 1848, darunter Jacoby, der Schriftsteller Julius Fröbel, der ehemalige Präsident des Verfassungsausschusses der preußischen Nationalversammlung Benedikt Waldeck, Eduard Simson, ferner der Besitzer der liberalen Berliner «Nationalzeitung» Bernhard Wolff und sein Redakteur Friedrich Zabel, so gehören in den folgenden Jahren mehr und mehr führende Nationalliberale zum engen persönlichen Bekanntenkreis des Ehepaars Lewald-Stahr, wie der juristische Schriftsteller und Völkerrechtler Heinrich Bernhard Oppenheim (ehemals Mitarbeiter an Arnold Ruges «Die Reform»), der die Nationalliberalen von 1874 bis 1877 im Reichstag vertritt, und der Rittergutsbesitzer und Abgeordnete im preußischen Landtag Julius von Hennig, auf dessen Landsitz Plonchott Fanny Lewald und Adolf Stahr manchen Sommer verbringen. Verbindungen bestehen auch zu dem Verleger Franz Duncker und seiner Frau Lina, die einen ebenso repräsentativen Salon für die fünfziger und sechziger Jahre in Berlin führen. An diesen beiden Salons läßt sich die Spaltung der Liberalen im Jahr 1866 angesichts der erfolgreichen Politik Bismarcks beobachten: Während das Ehepaar Duncker der liberalen Fortschrittspartei treu bleibt, schwenken Fanny Lewald und Adolf Stahr nach anfänglichem Zögern auf den Kurs der zu Bismarck übergegangenen Nationalliberalen ein.

Die Annäherung erfolgt allmählich. In Lewalds «Freundschaftsbriefen an einen Gefangenen», die sie ihrem Freund Jacoby während dessen Gefängnishaft zwischen August 1865 und März 1866 täglich zur Ermutigung schreibt – *Du sollst wenigstens die Empfindung haben, daß ich an jedem Tage Dein gedenke, u. an jedem Tage mich daran erinnere, daß Du um unser aller Willen Deine Freiheit entbehrst*[236] –, äußert sie starken Unmut gegen die preußischen Verhältnisse, die es u. a. möglich machen, daß ein von Jacoby herausgegebenes Gedenkbuch für den 1860 verstorbenen Heinrich Simon unter Anklage gestellt wird:

[...] ich glaube, es ist auch gar nicht das W a s, sondern das D a ß, gegen das sie Protest einlegen. Sie würden, wenn Du lauter lyrische Gedichte von Heinrich [Simon] herausgegeben hättest, ihnen vielleicht wie die Theologen dem Hohen Liede, eine religiös-politische Bedeutung unterlegt haben; u. Dinge, die hart gegen die preußischen Zustände angehen, sind in den beiden Bänden doch genug. [...] Wird's zu toll in Preußen, so wollen wir uns gemeinsam bei Koburg Haus u. Garten kaufen.[237]

Angesichts des deutsch-österreichischen Krieges 1866 hofft sie, *daß das Volk über die Fürsten hinweggehen und sie in seinem Zorne über die Verwüstung des Landes wegfegen könne*[238], daß die staatliche Gewalt die Gegengewalt der Revolution herausfordere. Doch der außenpolitische Erfolg Bismarcks zeichnet den Weg zur deutschen Einigung vor und läßt Fanny Lewalds langgehegte Hoffnung auf einen deutschen Nationalstaat greifbar werden. Sie hatte seit jeher den Partikularismus der deutschen Staaten zutiefst bedauert, der in ihren Augen jeglicher Entwicklung im Wege stand. *Unser ganzes nationales Leben, unsere sämmtlichen Verhältnisse sind durch Mißgunst, Abneigung und Partikularismus so untergraben, daß eine Veredelung des Volkscharakters für uns in aller Zeit unabsehbar bleiben wird, wenn die jetzigen Zustände fortdauern sollen*[239], meinte sie skeptisch nach der gescheiterten Revolution von 1848. Sie beneidet Länder wie England und Frankreich um das Bewußtsein der eigenen Identität, sieht selbst nationale Identifikationsmöglichkeiten nur in der Literatur und weist den Klassikern Goethe und Schiller die Funktion der *wahren «Mehrer» des Reiches* zu, *jenes Reiches, in welchem wir Deutschen uns zusammengefunden und geistig zueinander gehalten haben, während die traurigste politische Zerrissenheit uns voneinander trennte*[240]. Private und öffentliche Goethe- und Schillerfeiern treten als nationale Kultfeiern an die Stelle des großen nationalen Volksfestes, das sie 1832 zwar nur aus der Ferne in Hambach erlebte. Zwangsläufig resultiert für Fanny Lewald aus der kulturellen Einheit auch eine politische, die ihrerseits die Bedingung für sozialen Fortschritt ist: *Wir sind auf dem Wege zu einer staatlichen Einheit vorzuschreiten, welche nach meiner Ueberzeugung, wenn sie vollendet sein wird, den Kampf für und um die Freiheit erleichtert, und uns ihre Feststellung vielleicht möglich machen wird, ehe eine große Revolution an uns herantritt.*[241]

Der Prozeß der Einigung, die Kriege gegen Österreich und Frankreich erscheinen ihr als Pazifistin zwar äußerst fragwürdig, doch denjenigen, die den deutschen Nationalstaat herbeiführen werden und ihn verkörpern, Bismarck und dem preußischen König, zollt sie höchste Bewunderung. Sie akzeptiert realpolitisches Denken, demzufolge es nicht ausreicht, ein Ziel zu haben, man muß es auch in die Tat umsetzen können, und so heiligt in Lewalds Augen der Zweck die Mittel, wie sie Johann Jacoby gegenüber bekennt: *Du mußt jetzt selbst einsehen, was aus Deutschland in solchem Falle geworden wäre ohne die durch den Krieg von 1866 mit Gewalt durchgesetzte Zusammenhaltung der deutschen Staaten. Und wie Du auch glauben und überzeugt sein mochtest, daß die im Jahre 1848 durch die Revolution geplante republikanische Einheit Deutschlands besser gewesen wäre als die gewaltsame Einigung der Monarchien, so war diese letztere doch eben da, war unser Schutz gegen das Hereinbrechen der Turkos, war nur zu erhalten, dadurch, daß der Machthaber in Preußen sich an die Spitze der Abwehr stellte – und Deine Weigerung, dies anzuerkennen, diesem Manne eine ermutigende Zustimmung zu geben, habe ich unrecht gefunden.*[242]

Hier trennen sich Fanny Lewalds und Jacobys politische Wege. Nach dem Austritt aus der liberalen Fortschrittspartei im November 1868 schließt sich Jacoby 1872 der Sozialdemokratischen Arbeiterpartei an; ihr persönliches Verhältnis wird jedoch durch den politischen Wandel nicht wesentlich belastet. Jacoby hätte es allerdings sicher nicht geschätzt, daß sie nach seinem und Stahrs Tod dessen Lessing-Buch in einer Neuauflage Fürst Bismarck widmete. Ursprünglich war es ihm, dem unerschütterlichen Bismarck-Gegner, gewidmet, der mit einem Kapitel zur Philosophie Lessings maßgeblich zu dem Werk beigetragen hatte!

Fanny Lewalds patriotischer Aufruf *Deutsche Frauen und gefangene Franzosen* am 29. August 1870 in der «National-Zeitung», in dem sie in glühendem nationalistischem Pathos das unsittliche Verhalten deutscher Frauen kritisiert, die mit französischen Soldaten und Offizieren anbändeln und damit einen Verrat am Vaterland begehen, stellt keinen Einzelfall dar. Auch andere ehemals liberale Juden wie Berthold Auerbach und der Königsberger Ferdinand Falkson, Freund Jacobys und Vorsitzender des dortigen Handwerkervereins, fallen in den deutsch-nationalen Begeisterungstaumel ein. Auch Adolf Stahr verfällt ihm und entwickelt sich zum abgefeimten Gegner der Franzosen. Mit einer Artikelserie in der «National-Zeitung» ruft er gegen Napoleon III. und «wider das von ihm in zwanzigjähriger Knechtschaft auf den Gipfel der Entsittlichung geführte Volk der Franzosen»[243] auf. So weit geht Fanny Lewald nicht, doch sie macht unmißverständlich klar: *[...] wir dürfen in dem Gefangenen, in dem Verwundeten, in dem Franzosen den Menschen nicht vergessen, aber wir dürfen und wollen es nicht vergessen, daß er in diesem Augenblick unser Feind und der Feind unseres Vaterlandes ist.*[244]

Das deutsche Nationalgefühl erreicht nach den Befreiungskriegen und der Revolution von 1848 am Vorabend der Reichsgründung einen weiteren Höhepunkt im Lauf des 19. Jahrhunderts. Auch Familienblätter und Feuilletons tragen mit ihren Romanstoffen bei zur Beschwörung nationaler Einheit durch idealisierte Darstellungen aus der Zeit der Befreiungskriege, sie illustrieren wie Lewalds Romane *Prinz Louis Ferdinand* und *Schloß Tannenburg* oder *Familie Darner* das deutsche Martyrium vor dem Hintergrund der Herrschaft Napoleons oder plädieren wie ihre *Treue Liebe* für die Besinnung auf deutsche Tradition und *Verschmelzung der verschiedenen deutschen Volksstämme*[245]. Fanny Lewald, die noch kurz zuvor Nationalismus, *sofern [er] zu einer Scheidung von anderen Nationen führt*[246], als eine Beschränktheit verpönte, entwickelt sich in den späten sechziger Jahren zur unerbittlichen Puristin, die das Fremde, vor allem das französische Fremdwort in der deutschen Sprache, als störend ablehnt: *Denn was bedeutet das Streben nach einer rein deutschen Staatseinheit, wenn man das Deutschthum nicht in der entscheidendsten Kundgebung seiner Wesenheit, der Sprache, klar und rein zur Erscheinung bringt*, fragt sie in ihrem Artikel *Reiche Bettler* in der «National-Zeitung» vom 6. und 8. Juli 1866, in dem sie das Borgen und Betteln in fremden Sprachen attackiert. Auch dies stellt eine Seite der Fanny Lewald dar, die sich 1848 über das gereinigte Deutsch des Abgeordneten Friedrich Ludwig Jahn in der Frankfurter Nationalversammlung belustigte und 1863 zu einer Demokratie im öffentlichen Sprachgebrauch aufforderte: *Das ist mir eigentlich an äußeren Zuständen so entsetzlich, daß die Menschen ihr eigenes Wort ohne Achtung behandeln. [...] Sie sind keine Unterthanen, wollen und sollen es nicht sein und schreiben «unterthänig» [...].*[247] Zugleich polemisierte sie gegen die Verwendung des Französischen als Sprache des Adels im bürgerlichen Zeitalter.

Ihre alte liberale Überzeugung vom Individuum als Zentrum seines Handelns, aller Tradition und Konvention zum Trotz, äußert sie noch einmal in *Benedikt* (1873). Der dramatische Konflikt des Protagonisten mit der Hierarchie des katholischen Benediktinerordens, die von ihm geforderte völlige Aufgabe des eigenen Willens und des persönlichen Egoismus zugunsten göttlicher Vorsehung und der Regeln des Ordens, steht im Einklang mit dem preußischen Konfrontationskurs gegen die katholische Kirche, nicht jedoch mit Bismarcks späterer Annäherung, die ab 1878 ein Ende des fast fast zwei Jahrzehnte während Kulturkampfs einleitet. In der Ablehnung des Katholizismus und seiner in ihren Augen despotischen, feudalen Strukturen bleibt Fanny Lewald kompromißlos.

«Arbeiten und nicht müde werden»
Fanny Lewald im Alter

Ab Ende der sechziger Jahre befällt Fanny Lewald angesichts der zahlreichen beruflichen, gesellschaftlichen und privaten Ansprüche, denen sie allen gerecht zu werden sucht, zunehmend ein Gefühl der Müdigkeit. *Ich betreffe mich oft auf einer Unlust am Leben, die sicherlich eine Folge der abnehmenden Kraft ist,* notiert sie im November 1868 in ihr Tagebuch.[248] Arbeit und die feste Absicht, ein begonnenes Vorhaben auch zu Ende zu bringen, *wie man einen Wechsel bezahlen muß*[249], dienen ihr jedoch immer wieder als Stimulans. Das Motto ihres Alters lautet: *Arbeiten und nicht müde werden.*[250]

Die Sorge und Fürsorge um Adolf Stahr und seine Gesundheit nehmen sie in seinen letzten Lebensjahren völlig in Anspruch und lassen manche Arbeitspläne, so mehrere Künstlerromane im Stile *Benvenutos*, nicht zur Ausführung kommen. Ab 1872 führt das Ehepaar Stahr ein sehr zurückgezogenes Leben, meist zwischen der Krankenstube in Berlin und einem Kuraufenthalt für Stahrs angegriffene Gesundheit in Bad Liebenstein pendelnd. *Wir sind oft lange abwesend, und kommen wenn wir hier sind, verhältnißmäßig nicht so viel heraus. Was uns nicht in das Haus kommt, kann uns […] daher leicht einmal entgehen,* gesteht Fanny Lewald Berthold Auerbach im November 1872.[251] Erste Anzeichen von Resignation stellen sich bei Stahr ein, der zunehmend in der Erinnerung lebt. Ein Neujahrsgruß, den Fanny Lewald Ende Februar 1873 an Auerbach richtet, gibt Auskunft darüber, wie schwer ihm das Leben und der Kampf gegen das Siechtum werden. Von einer Lungenentzündung 1875 erholt sich der Siebzigjährige nur schleppend. Erst im Juli 1876 tritt eine vorübergehende Besserung ein, woraufhin Fanny eine Reise nach Wiesbaden veranlaßt, um dort den Winter in einem für Adolf günstigeren Klima zu verbringen. Eine Erkältung, die er sich dort im September zuzieht, führt jedoch bald zu einem Lungenödem, an dessen Folgen er am Morgen des 3. Oktober im Beisein Fannys im Hotel «Vier Jahreszeiten» stirbt. An der Beerdigung auf dem protestantischen Alten Friedhof an der Platter Straße in Wiesbaden nehmen von der Stahr-Familie die Söhne Adolf und Alwin und die beiden Töchter, von Fannys Seite die Schwester Henriette und der Neffe Wilhelm Gurlitt teil.

Fanny Lewald. Fotografie, um 1876

Aus allen privaten Briefen spricht eine grenzenlose Trauer Fanny Lewalds. *So ich nicht gestorben bin, als ich ihn sterben sah, […] werde ich wohl auch weiter leben. […] ich begreife es nicht […] wie ich leben, wozu ich leben soll, wenn er nicht da ist, für den ich dreißig Jahre lang gelebt mit jedem Gedanken, mit jedem Atemzuge meiner Brust. [...] er hat keine sorgenvolle Miene, keine Thränen gesehen – u. ich kann auch sagen: was in meiner Kraft, in der Kraft der grenzenlosesten Liebe zu leisten möglich war, das h a b e ich geleistet die Jahre lang. – Gewiß: es ist kein Mann mehr geliebt worden als er.*[252] Mit seinem Tod hat sie das Zentrum ihres Lebens verloren, das *Schwergewicht, das mich an das Dasein band, u. zugleich die Schwingen, die mich über alle seine Beschwerden forthoben.*[253] – *Ich komme mir vor wie ein Spiegel, hinter dem der Reflektor abgenommen ist. Ich sah, hörte, erfuhr, dachte nur für ihn – und ich muß mich den Menschen gegenüber u. ihrer Güte und Nachsicht gegenüber, immer zwingen, ihnen nicht zu zeigen, wie gleichgültig sie und Alles mir sind.*[254]

Sie ist eines Lebens, *das mich nicht freut, unter dem ich leide, u. das für Niemand nothwendig ist*[255], müde, *doch von mir werfen werde ich es nicht, daß ich es noch lieben kann – zweifle ich*[256].

Am liebsten verbringt sie die Zeit mit Stahrs Arbeiten, mit denen sie sich als Erbin seines gesamten gedruckten und ungedruckten literarischen Nachlasses einschließlich seiner und fremder Korrespondenz, über die sie freie Verfügung hat wie über die Zinsen des Ertrages, beschäftigt. Ihr Neffe Wilhelm Gurlitt, genannt «Memmo», ist ihr bei einer Neuauflage des vergriffenen «Torso» behilflich. Fannys wirtschaftliche Existenz ist gesichert; zusätzlich zu ihren eigenen Einkünften steht ihr der lebenslange Nießbrauch der Hälfte des von Stahr hinterlassenen baren und Kapitalvermögens[257] zu; Stahrs Kinder erben in gleichen Teilen an zweiter Stelle, Marie Stahr erhält lediglich eine jährliche Rente von 150 Talern.

Der geistige Austausch mit Stahr, der ihr stets mit seinem umfassenden Wissen zur Verfügung stand und wichtige Anregungen gab, fehlt ihr schmerzlich. Auskunft über die Intensität der Beziehung vermittelt vor allem die rege Korrespondenz zwischen beiden aus der Zeit der Trennung.

In der nächsten Zeit treffen Fanny Lewald weitere Schicksalsschläge. Nachdem ihr Bruder Otto bereits 1874 gestorben war, erkrankt nun ihre Schwester Clara tödlich, und mit Johann Jacoby, der am 6. März 1877 an den Folgen einer Steinoperation in Königsberg stirbt, verliert sie nach Therese von Bacheracht (gest. 1852) und Heinrich Simon (gest. 1860) einen ihrer engsten Vertrauten. *Ich habe in den letzten sieben Monaten alles verloren, woran mein Herz am meisten hing*, schreibt Fanny am 16. März 1877 im Kondolenzbrief an Jacobys Schwester Betty Jacoby.[258] *Am 3. Oktober*[259] *schloß mein Mann seine Augen für immer. Gleichzeitig starb der gewaltige Ziegler.*[260] *Im Januar starb der Freund, der mir wie ein Sohn und Bruder, der mir eine wahrhafte Stütze war, der 41jährige Doktor Althof in New York, auf dessen mir gleich bei Stahrs Tode verheißenes Kommen ich die einzige Hoffnung für die Zukunft gebaut hatte – in vier Tagen an der Kopfrose –, und nun ist auch Ihr Bruder hin. Was soll man dazu sagen, wenn man in einem Alter ist, das keine Zeit mehr hat, solche Wunden ausheilen zu können, und keine Zeit, sich auf neue Hoffnungen zu vertrösten?*

Da ihr als Atheistin jeder Glaube an ein Jenseits und ein Wiedersehen nach dem Tode fehlt, sucht und findet sie Trost in Philosophie und Literatur, vor allem in den Maximen und Lebensregeln Goethes. Ihm widmet sie in ihren Briefen an den mit den Enkeln Goethes aufgewachsenen Großherzog Carl Alexander und in ihrem Tagebuch *Gefühltes und Gedachtes*, das sie nach dem Tod Stahrs häufig zur inneren Zwiesprache nutzt, einen Großteil ihrer Gedanken. Der *Alles-Wissende*[261], *Erzieher* und *Auferbauer*[262] ist im Alter auch ihr dichterisches Ideal. In ihrem Roman *Die Erlöserin* (1877) bemüht sie sich um einen zeitlos goethischen Stil. Mit dem Argument, *daß der stilisierte Roman weniger einem raschen Veralten unterworfen ist, als der ganz realistisch und vielfarbig gehaltene*[263], wehrt sie sich gegen den Vorwurf der Monotonie und Einförmigkeit des Tons in diesem Roman, den sie bewußt gewählt hat. Sie will damit Zeit und Ort der Handlung, der anfänglichen Monotonie des Lebens an der ostpreußischen Küste zu Beginn des 19. Jahrhunderts gerecht werden, in der die nach zahlreichen Hindernissen glücklich endende Liebesbeziehung zwischen einer bürgerlichen Pfarrerstochter und einem Grafen eine Sensation darstellt.

Mit dem bewußten Bemühen um Formglätte in ihren späten Romanen und Erzählungen nimmt Fanny Lewald ihrer Schreibweise allerdings ihre spezifische Eigenart: Gerade das nun abgelehnte Mischen der Stillagen und Formen macht die Wirksamkeit und Unterhaltsamkeit ihrer Schriften aus. Der Verzicht auf die Elemente des Subjektiven und Unbekümmerten trägt sicher dazu bei, daß ihr erzählerisches Spätwerk eher in Vergessenheit geraten ist als ihre frühen Schriften. Ein weiterer Aspekt ist der über die erzählerische Technik des Erinnerungsrahmens oft rückwärts gewandte Blick der Autorin: *[…] ich habe die innere Jugend, wenn ich arbeite, und zurückblicke in die Zeiten, in denen Stahr und ich gemeinsam mitten im Leben standen.*[264] Ihr letzter großer Roman *Die Familie Darner* (1888) läßt retrospektiv alle Stationen ihres lebenslangen Kampfes um Reformen und die bürgerliche Verbesserung der Gesellschaft Revue passieren: Zur Zeit der französischen Besetzung etabliert sich der Kaufmann Lorenz Darner, ein ehemaliger Leibeigener, als Selfmademan unter den Patriziern der Stadt Königsberg. Über die Heirat seines Sohnes wird er Mitglied der führenden bürgerlichen Schicht, die – symbolisiert durch seinen Widersacher Konrad Kollmann – ihrerseits, wenn auch widerwillig, den Aufstieg und die Gleichstellung der Juden ermöglicht und damit den feudalen Kastengeist überwindet. Noch einmal kritisiert Fanny Lewald in diesem Roman die Konvenienzehe und plädiert für die Selbstbestimmung der Frau, den Ständeausgleich und die nationale Frage. Der bürgerliche Emporkömmling Darner, der im Zentrum der

Handlung steht, vertritt dabei ein positives Gegenbild zum kaiserlichen Emporkömmling Napoleon.

Am Ende ihres Lebens sind die Ziele Fanny Lewalds – formal wenigstens – erfüllt: Deutschland ist geeint, es ist demokratisch im Rahmen einer konstitutionellen Monarchie, nimmt soziale Verantwortung wahr durch die Gesetze über die Kranken-, Unfall- sowie Alters- und Invaliditätsversicherung für Arbeiter von 1883/1884 und 1889, das Bürgertum stellt die gesellschaftlich führende Schicht dar, es herrscht konfessionelle Gleichheit (seit 1869), Bildung ist kein männliches Privileg mehr, und 1896 werden die ersten sechs Mädchen in Berlin ihr Abitur bestehen. Die erfolgreiche Autorin hält durchaus noch fest an ihren alten bürgerlich-liberalen Überzeugungen, steht damit aber nicht mehr im Widerspruch zur Gesellschaft, kritisiert nur noch deren Randerscheinungen.

Aus der Verehrung Goethes und der Zeit des Idealismus als kulturellem Höhepunkt erwächst ihre Zeitklage gegenüber einer «verrohten», lediglich auf Äußerlichkeiten, das Spektakuläre und Massenhafte ausgerichteten Gegenwart: *Das Charakteristische an unserer Zeit ist das Massenhafte. Massenhaftes Genießen in geistigen und leiblichen Dingen – Weltausstellungen – große Kunstausstellungen, Monstre-Konzerte, [...] Gesamtreisen, bei denen Scharen scharenweise zum Vergnügen dasselbe sehen, und bei denen es, glaube ich, dem ausgeprägtesten, eigenartigsten Menschen kaum möglich sein kann, sich als ein Sonderwesen zu empfinden, um seiner selbst und dessen, was er sieht, froh zu werden.*[265] Pomp und Luxus sind nicht ihre Art, sie, die sich stets in dezentes Schwarz kleidet, verabscheut unangemessenen Aufwand für sich und bei anderen. Ihr Ideal ist vielmehr das der Schlichtheit und Sittlichkeit, sie zieht im Leben wie in der Literatur das Sein dem Schein vor. Das Gefühl der Dekadenz, das sie im ausgehenden 19. Jahrhundert verspürt, ähnelt durchaus dem Unbehagen einiger Zeitkritiker vor der Wende zum Jahr 2000, die wie sie das allgemeine Fehlen eines ethischen Bewußtseins oder des Glaubens an ein Ideal für soziale Mißstände verantwortlich machen. Fanny Lewald bleibt ihrer Überzeugung von der sittlich-moralischen Funktion der Schrifsteller treu, deren Aufgabe es ist, *Dichter und Bildner ihrer Nation* zu sein[266], um im Sinne der Aufklärung zu *einer steigenden Veredelung des Menschengeschlechts*[267] beizutragen. Doch ihre Norm und ihr Maßstab sind nicht mehr der jungdeutsche Heine, sondern der klassische Goethe, dem sie in ihrer eigenen jungdeutschen Sturm- und Drangzeit durchaus kritisch gegenüberstand: *[...] die goethe'schen Romane haben darin ihre Schranke, daß sie mehr oder weniger auf die Abstraktion des Lebens gearbeitet sind. Sie verhalten sich zur Wirklichkeit, wie die griechischen Götterbilder zur menschlichen Gestalt.*[268] Der geänderten Literaturkonzeption entspricht auch Lewalds späte Kunstauffassung, die nun das Klassische, Hellenistische bevorzugt, wie sie es im Werk des dänischen Bildhauers Bertel Thorvaldsen verkörpert sieht.

Fanny Lewald arbeitet getreu ihrer Überzeugung unermüdlich bis zu ihrem Tod, unterweist und unterhält ihre Leser noch im letzten Lebensjahrzehnt mit Aufrufen und Appellen, fiktiven und nicht-fiktiven Erinnerungen und Reisebriefen. Noch immer liebt sie die Geselligkeit – *[...] ich sehe sehr viel Leute [...] u. stehe doch an, mir in alter Weise den festen Abend einzurichten. Ich lud heute vor 14 Tagen Montag, 10, 12 Personen [...]*, berichtet sie ihrem Neffen Wilhelm Gurlitt im Oktober 1878. Ihre gesellschaftliche Bedeutung ist auch in den achtziger Jahren unvermindert hoch. Ihr Neffe Theodor Lewald, jüngster Sohn ihres Bruders Otto, später Initiator und Organisator der Olympischen Spiele von 1936, knüpft als junger Jurist in ihrem Salon, den sie bis zum Winter 1887 aufrechterhält, wichtige erste Kontakte für seine Karriere im kaiserlichen Staatsdienst, für die allein schon der Ruf als «Fannys Neffe» eine Empfehlung darstellt.[269] Und sie liebt das Reisen.

Zweimal noch, 1877/78 und 1880/81, kehrt sie nach Rom zurück, zusammen mit ihrer Schwester Henriette und dem Ehepaar Gurlitt. Dort verkehrt sie mit dem Historiker Ferdinand Gregorovius, mit Paul Heyse und Henrik Ibsen (einem Freund der Familie Gurlitt) sowie ihrem alten Freund Franz Liszt. Sie erwägt sogar, ganz nach Rom zu ziehen, um dem Klima in Deutschland zu entfliehen – auch dem politischen: dem aufkommenden Antisemitismus, den sie jedoch nicht recht wahrhaben möchte und herunterspielt als *hässliche [...] Ungezogenheit der Judenfeindschaft, denn mehr ist es nicht*[270].

Herzbeschwerden machen alljährliche Kuraufenthalte, meist im schweizerischen Bad Ragaz, erforderlich und lassen die Beendigung von geplanten und begonnenen Arbeitsvorhaben fraglich erscheinen. In einem ihrer letzten erhaltenen Briefe dankt sie Paul Lindau für einen Arbeitsauftrag: *Ich sagte von Herzen gern ja zu Ihrer Bitte; aber wenn Sie in einigem Zusammenhang mit meinem Erleben stünden, würden Sie begreifen, daß ich es nicht kann. Ich habe morgen vor dem Jahre die kleine Erzählung Josias beendet. [...] Bald darauf bin ich schwer erkrankt, habe den ganzen Winter bis ins späte Frühjahr das Zimmer gehüthet, mich danach im Sommer erst wesentlich erholt, u. gleich nach meiner Heimkehr, in den letzten Septembertagen einen ähnlichen Anfall durchzumachen gehabt wie im verwichenen Jahre, so daß ich jetzt erst wieder seit drei Tagen auszufahren begonnen. In diesen Zuständen ist mir die Arbeitskraft abhanden gekommen, und ich habe mich nicht einmal dazu bringen können, früher begonnenes fertig zu machen. Ich bin abgespannt und kranke an den sehr richtigen Gedanken u. es ist ja so gleichgültig, ob eine Novelle mehr geschrieben wird oder nicht! Daß ich in der Verfassung nicht eine Zusage machen kann, begreifen Sie. Sie würde nichts fruchten und mich ängstigen. Sie können mir glauben, es verlangt Niemand mehr danach, arbeiten zu können, als ich – denn dann wäre mir wesentlich geholfen.*[271]

Von diesem neuerlichen Anfall des Herzübels erholt sich Fanny Lewald nicht mehr. Am 9. Juli 1889 tritt sie mit einer Fahrt nach Dresden zur Linderung «ihrer unerträglichen neuralgischen und asthmatischen Beschwerden»[272] ihre letzte Reise an. Sie stirbt dort am 5. August im Hotel Bellevue. In der Familienchronik vermerkt ihre Schwester Elisabeth: «Bis zum letzten Atemzuge wünschte sie zu leben, entsetzlich war ihr der Gedanke an den Tod. Der Tod selbst war ihr aber eine Erlösung.»[273] Über die Beisetzung in Anwesenheit prominenter Zeitgenossen, darunter Gustav Freytag, am 9. August in Wiesbaden auf dem Alten Friedhof an der Seite ihres Mannes berichtet die «National-Zeitung» am Tag darauf: «Die Beileidstelegramme, welche den Angehörigen der Entschlafenen nach der Kunde von ihrem Tode zugegangen sind, die Zahl der aus allen Theilen Deutschlands für das Grab der Dahingeschiedenen gesandten Kränze, sowie die Theilnahme an der Beisetzungsfeier auf dem Friedhofe haben Zeugniß abgelegt von der großen Anerkennung und Verehrung, dem sich die unermüdlich thätig gewesene, […] sowohl bei Fürsten wie im Volke zu erfreuen hatte.»

Heute läßt das Grab kaum vermuten, daß dort die «hervorragendste Romanschriftstellerin» ihrer Zeit ruht. Fanny Lewalds Schaffen galt dem Leben – es ist bezeichnend, daß der einstmals «von Romantik umwehte Friedhof»[274] unweit des Wiesbadener Stadtzentrums heute ein öffentlicher Park ist, Erholungs- und Freizeitgelände für Familien, vielfach ausländischer Herkunft, offensichtlich auch Aufenthaltsort für Arbeits- und Obdachlose: soziale Außenseiter wie die, um deren Integration in die bürgerliche Gesellschaft sich die Autorin stets bemühte.

Fanny Lewald. Porträt mit
ihrer eigenhändigen Unterschrift

Fanny Lewald

W. Krauskopf sc.
München 92.

Anmerkungen

Sofern möglich, wurde bei Fanny Lewalds Werken auf Neuausgaben zurückgegriffen:

Meine Lebensgeschichte. Bd. I–III. Hg. von Ulrike Helmer. Frankfurt a. M. 1988 f., zitiert: M. L. I–III

Italienisches Bilderbuch. Hg. von Ulrike Helmer. Frankfurt a. M. 1992, zitiert: I. B.

Jenny. Hg. von Ulrike Helmer. Frankfurt a. M. 1988, zitiert: Jenny

Für und wider die Frauen. Politische Schriften. Hg. von Ulrike Helmer. Frankfurt a. M. 1989, zitiert: P. S.

Bei Zitaten aus den Werken Fanny Lewalds werden nur die (abgekürzten) Titel angegeben, weitere Angaben s. Bibliographie.

Die bisher nicht edierten zitierten Briefe und Handschriften (in der Originalschreibweise wiedergegeben) befinden sich in folgenden Archiven:

Quelle 1: Staatsbibliothek zu Berlin, Preußischer Kulturbesitz, Nachlaß Lewald-Stahr, Kasten 1, 5, 6, 7, 8, 18, 19, 20

Quelle 2: Schiller-Nationalmuseum, Deutsches Literaturarchiv, Marbach

Quelle 3: Stiftung Weimarer Klassik, Goethe- und Schiller-Archiv, Weimar

Quelle 4: Universitäts- und Landesbibliothek, Bonn

Quelle 5: Heinrich-Heine-Institut, Düsseldorf

Quelle 6: Herzog-August-Bibliothek, Wolfenbüttel

Quelle 7: Sammlung Varnhagen, Biblioteka Jagiellonska, Krakau

Quelle 8: Familienbriefe im Privatbesitz von Frau Mercedes Gurlitt, München.

Aus folgenden Briefsammlungen wird unter Angabe der Herausgeber häufiger zitiert:

Ludwig Geiger: Aus Adolf Stahrs Nachlaß. Briefe von Adolf Stahr. Oldenburg 1903

Rudolf Göhler I: Aus dem Nachlaß von Fanny Lewald und Adolf Stahr. Adolf Stahr und Fanny Lewald an Hermann Hettner. In: Euphorion 31, Jg. 1930, S. 176–248

Göhler II: Der Briefwechsel von Paul Heyse und Fanny Lewald. In: Deutsche Rundschau, Jg. 1920, Bd. 183, S. 274–285 u. S. 410–441

Göhler III: Großherzog Carl-Alexander und Fanny Lewald-Stahr in ihren Briefen 1848–1889. 2 Bde. Berlin 1932

Edmund Silberner I u. II: Johann Jacoby. Briefwechsel. Hannover 1974 u. Bonn 1978

Hans-Erich Teitge: Unbekannte Briefe von Fanny Lewald und Adolf Stahr an Johann Jacoby. Aus dem Nachlaß Lewald-Stahr. In: Studien zum Buch- und Bibliothekswesen, Bd. 4, Leipzig 1986, S. 78–101

1. An Karl Gutzkow am 3.12.1847, in: Werner Vordtriede (Hg.): Therese von Bacheracht und Karl Gutzkow. Unveröffentlichte Briefe (1842–1849). München 1971, S. 57

2. Bei Zitaten im folgenden abgekürzt als: G. u. G. und R. T.

3. Siehe Bibliographie

4. Vgl. Regina Neißer: Von einer Lieblingsschriftstellerin unserer Großmütter. In: Illustrierte Frauen-Zeitung, 38. Jg., Heft 12, 15.3.1911, S. 103

5. Gertrud Bäumer: Fanny Lewald. In: Die Frau. Hg. von Helene Lange, 18. Jg., Mai 1911, Heft 12, S. 487

6. Ebd., S. 489

7. Grete Schlüpmann, Diss. Münster 1920

8. Marieluise Steinhauer, Diss. Berlin 1932

9. Vgl. Gottfried Keller an Lina Duncker am 6. Martini 1856. In: Sämtl. Werke. Hg. v. Clemens Heselhaus. München, Darmstadt 1972, Bd. 3, S. 1160

10. Die Familie Darner, S. 22

11. Marta Weber: Fanny Lewald. Ihr Leben und ihre Werke. Diss. Zürich, Leipzig 1921, S. 35 u. 17

12. Der dritte Stand, S. 95

13. Kein Haus, S. 28

14. So der Titel der 1987 von Brigitta van Rheinberg in Tübingen veröffentlichten Dissertation

15. M. L. I, S. 5

16. Ebd.

17. Jacob Toury: Soziale und politische Geschichte der Juden in Deutschland, 1847–1871. Tel Aviv, Düsseldorf 1977, S. 281

18. M. L. I, S. 8

19. Ebd., S. 5

20. Ebd., S. 35

21. Ebd., S. 85

22. Einige Gedanken über Mädchenerziehung, S. 384f.

23. M. L. I, S. 62

24. Ebd., S. 125f.

25. Ebd., S. 131

26. Ebd., S. 88

27. Ebd., S. 87

28. Ebd., S. 97

29. Ebd.

30. Ebd., S. 48

31. Ebd.

32. Ebd., S. 116

33. So Ulrike Helmer in M. L. II, S. 293

34. M. L. I, S. 157

35. Ebd., S. 30–34

36. Ebd., S. 139

37. Ebd., Nachwort der Herausgeberin, S. 282

38. Ebd., S. 149f.

39. G. u. G., S. 153

40. M. L. I, S. 170

41. Josias, S. 22

42 Liebesbriefe. Aus dem Leben eines Gefangenen, S. 172
43 M. L. I, S. 173
44 Ebd., S. 191
45 Ebd., S. 193
46 Ebd., S. 199
47 M. L. III, S. 13
48 Ebd., S. 44
49 Alexander Mitscherlich: Krankheit als Konflikt. Studien zur psychosomatischen Medizin. Frankfurt a. M. 1966, S. 9
50 Alexander von Ungern-Sternberg: Erinnerungsblätter aus der Biedermeierzeit. 1. Teil. Berlin 1855, S. 147
51 Vgl. Joachim Krüger: Fanny Lewalds Bekenntnis zur ‹Weltanschauung der Realität›. In: Fontane Blätter, Bd. 4, 1979, S. 392–398
52 M. L. III, S. 266
53 M. L. I, S. 224
54 Ebd., S. 264 f.
55 M. L. II, S. 11
56 Wolfgang Hardtwig: Vormärz. München 1985, S. 46
57 Heinrich Hoffmann von Fallersleben: Mein Leben. Aufzeichnungen und Erinnerungen. Hannover 1868, 2. Bd., S. 218 f.
58 M. L. II, S. 63 f.
59 Ebd., S. 67 f.
60 Johann Jacoby: Heinrich Simon. Ein Gedenkbuch für das deutsche Volk. Berlin ²1865, S. 72
61 M. L. II, S. 99
62 Ebd., S. 108
63 M. L. I, S. 165
64 M. L. II, S. 136
65 Else Rabin: Das jüdische Haus. In: Friedrich Thieberger (Hg.): Jüdisches Fest und jüdischer Brauch. Berlin 1936, S. 25
66 Clementine, S. 23 ff.
67 M. L. II, S. 139
68 P. S., S. 137
69 M. L. II, S. 156
70 Ebd., S. 204
71 Rudolf von Gottschall: Aus meiner Jugend. Berlin 1898, S. 79
72 Ebd., S. 99
73 Briefe aus Königsberg, S. 194 f.
74 Nicht veröffentlichter Brief an den Verleger Vieweg vom 14. 11. 1849, Quelle 6, Sammlung Vieweg Nr. 1026
75 M. L. II, S. 276
76 Ebd., S. 277
77 Ebd., S. 285
78 M. L. III, S. 27
79 Ebd.
80 Jenny, S. 227
81 Ebd., S. 273
82 M. L. III, S. 168
83 Ebd., S. 122

84 Ebd., S. 166
85 Eine Lebensfrage I, S. 198 ff.
86 Ebd., II, S. 134 ff.
87 M. L. III, S. 112
88 Ebd., S. 94
89 Ungern-Sternberg, a. a. O., S. 148
90 Der Cultus des Genius, S. 681
91 Silberner I, S. 578, 25. 5. 1849
92 Quelle 7
93 Varnhagen von Ense. In: Freya, Jg. 1862, S. 47
94 Quelle 2, A: Auerbach, Z 3604 / 20
95 M. L. III, S. 247
96 Ludmilla Assing an Feodor Wehl am 4. 12. 1852, zit. nach Vordtriede, a. a. O., S. 9
97 Ungern-Sternberg, a. a. O., S. 220
98 An Gutzkow am 17. 12. 1847, zit. nach Fritz Böttger: Frauen im Aufbruch. Frauenbriefe aus dem Vormärz und der Revolution von 1848. Berlin 1977, S. 374
99 M. L. III, S. 156
100 I. B., S. 13
101 M. L. III, S. 297
102 I. B., S. 38
103 Ebd., Vorwort zu der Ausgabe von 1847, S. V
104 I. B., S. 64
105 Heinrich Hubert Houben: Die Rheingräfin. Das Leben der Kölnerin Sibylle Mertens-Schaaffhausen. Essen 1935, S. 344
106 Sie selbst behauptet, es sei der 27. gewesen, der jedoch ein Donnerstag war und somit nicht Sibylles Gesellschaftstag
107 Adolf Stahr: Aus der Jugendzeit. Lebenserinnerungen. Schwerin 1870, S. 143
108 R. T., S. 101
109 Ebd.
110 Adolf Stahr: Ein Jahr in Italien. Oldenburg 1853 ff., Bd. 3, S. 28
111 Ebd., Bd. 2, S. 46
112 R. T., S. 67
113 Ebd., S. 94
114 G. u. G., S. 49
115 An Stahr, 20. 2. 1846, Quelle 1 (1)
116 R. T., S. 131
117 An Stahr, 29. 1. 1846, Quelle 1 (1)
118 Ebd., 11. 2. 1846
119 Ebd.
120 Quelle 1 (1)
121 Stahr: Ein Jahr in Italien, a. a. O., Bd. 3, S. 337 u. S. 344
122 Undatierter Brief an Emma Schwanenfeld, Quelle 1 (6)
123 An Paul Heyse, 20. 4. 1873, Göhler II, S. 422
124 Undatierter Brief, Quelle 1 (6)
125 Brief an Stahr, 26. 9. 1847, zit. nach Brigitta van Rheinberg, a. a. O., S. 136
126 R. T., S. 240
127 An Stahr, Neujahr 1847, Quelle 1 (1)

128 So eine Kritik in der Zeitschrift «Charivari» vom 5.11.1847
129 Diogena, S.9
130 M.L.III, S.222f.
131 Telegraph für Deutschland, Nr.4, 1848
132 Alphonse de Lamartine: Geschichte der französischen Revolution von 1848. Leipzig 1849, Teil II, S.136
133 Erinnerungen..., I., S.151ff.
134 Ebd., S.91
135 Ebd., S.95
136 Saint-Just ist der Auffassung «Le pain est le droit du peuple» («Das Volk hat ein Recht auf Brot»)
137 Erinnerungen..., I, S.106
138 Dieser Zeitungsausschnitt befindet sich im Nachlaß der Schriftstellerin, Quelle 1 (20), Nr.554
139 Göhler III/I, S.23, 16.4.1849
140 Quelle 5
141 Quelle 2, A: Hauff-Kölle 35677
142 März 1848, Quelle 5
143 Erinnerungen..., I, S.97
144 Adolf Stahr: Fanny Lewald. Eine literarische Charakteristik. In: Deutsche Monatsschrift für Politik, Wissenschaft, Kunst und Leben. Bremen, April 1850
145 M.L.III, S.219. Lewald bezieht sich auf die männliche Form des Pseudonyms George Sand
146 P.S., S.117
147 Brief an Sibylle Mertens-Schaaffhausen vom 20.6.1850, Quelle 4
148 England und Schottland (= E. u. S.), Bd.II, S.233
149 Ebd., I, S.493
150 Zitate aus dem Zeitschriftenabdruck der Dünengeschichten, Cottas Morgenblatt, Jg.1850, Nr.43ff., S.175
151 An Johanna Kinkel, 15.8.1851, Quelle 4, S2426
152 Prinz Louis Ferdinand, Bd.II, S.146
153 An Jacoby, 20.1.1849, Silberner I, S.549
154 An Johanna Kinkel, 24.5.1851, Quelle 4, S2426
155 Göhler III, S.43, o.D., Dezember 1849
156 Moritz Hartmann: Briefe aus Irland. Zit. nach Gotthard Erler (Hg.): Streifzüge und Wanderungen. Reisebilder von Gerstecker bis Fontane. München 1979, S.66
157 Quelle 1 (8), Nr.129
158 Kölnische Zeitung, 6.8.1889
159 An Vieweg, Quelle 6, a.a.O.
160 M.L.III, S.113f.
161 Göhler II, S.276, 6.3.1871
162 G. u. G., S.49, 20.2.1858
163 Grenzboten, Jg.1856, Bd.3, S.435
164 Göhler III/I, S.120, 28.2.1854
165 Wandlungen, IV, S.203
166 G. u. G., S.146
167 Das Glaubwürdige in der Kunst. In: Kölnische Zeitung, 26.2.1880

168 Günther Jansen: Adolph Stahrs letzte Jahre in Oldenburg (1846–1852). In: Nordwestdeutsche Studien. Gesammelte Aufsätze von Günther Jansen. Berlin 1904, S. 230

169 Göhler I, S. 218, 21. 6. 1848

170 Ebd., S. 193

171 Gottfried Keller an Hermann Hettner, 3. 8. 1856, in Keller: Gesammelte Briefe. Hg. von Carl Hebelig. Bern 1950, Bd. 4, S. 372

172 Theodor Wehl: Zeit und Menschen. Altona 1889, S. 234

173 Ludwig Pietsch: Wie ich Schriftsteller geworden bin. Erinnerungen aus den fünfziger Jahren. Berlin 1893, S. 227

174 R. T., S. 223

175 Undatierter Brief aus Rom an Emma Schwanenfeld, Quelle 1 (6)

176 An Stahr, 23. 7. 1848, Quelle 1 (1)

177 Göhler III/I, S. 120, 28. 1. 1854

178 Rheinberg, a. a. O., S. 140 f.

179 Silberner II, 21. 10. 1865, S. 330

180 Geiger, S. 180, am 24. 3. 1855 an Carl Stahr

181 Hier ist die Sorge um die Stiefkinder gemeint

182 Göhler III/I, S. 153, 4. 2. 1860

183 Vgl. Schreiben an Wilhelm Gurlitt, 9. 10. 1876, Quelle 8

184 Tagebucheintragungen vom 2. 4. 1863 und 1. 4. 1860, Quelle 1 (7), Nr. 123 u. 124

185 Silberner II, 6. 9. 1863, S. 282

186 Julius Petersen: Theodor Fontane und Bernhard von Lepel. Ein Freundschaftsbriefwechsel. München 1940, S. 68 f., 7. 6. 1847

187 Quelle 1 (6)

188 Sabine Lepsius: Über das Aussterben der Salons. In: März. Eine Wochenschrift, 7. Jg., Bd. 3 (1913), S. 225

189 Marie von Olfers: Briefe und Tagebücher. Bd. 2, 1870–1924. Berlin 1930, S. 131

190 Marta Weber, a. a. O., S. 41

191 Julius Rodenberg, Nachruf auf die Autorin in der Deutschen Rundschau, Jg. 1889, Bd. 60, S. 462

192 Muß heißen «Montagen»

193 Pietsch, a. a. O., S. 224 f.

194 Adolf Stahr: Nach fünf Jahren. Pariser Studien aus dem Jahre 1855. Oldenburg 1857, S. 95

195 Quelle 4, S 2426

196 Vgl. Z 1065, Quelle 2, Cotta-Archiv

197 Ein Winter in Rom, S. 115

198 Ebd., S. 114 ff.

199 Ebd., S. 111

200 Sommer und Winter am Genfer See, S. 224

201 Ebd., S. 28

202 Kölnische Zeitung, 16. 9. 1867

203 Geiger, S. 299, 9. 9. 1867

204 Hier folgt statt des französischen Textes die deutsche Übersetzung nach Lewalds Sommer und Winter am Genfersee, S. 214 f.

205 Ebd., S. 47 f.

206 Silberner II, S. 186, 2.2.1862
207 Ebd., S. 77 f., 25.11.1858
208 Ebd., S. 186, 2.2.1862
209 Ebd., S. 92, 29.4.1859
210 Ebd., S. 109, 28.3.1860
211 Ebd. S. 196, 30.3.1862
212 Göhler III/II, S. 32, 28.1.1870
213 P. S., S. 86
214 Göhler III/I, S. 169, 13.5.1864
215 P. S., S. 187
216 Ebd., S. 145f.
217 G. u. G., S. 200f., 9.7.1875
218 Göhler III/II, S. 35, 11.2.1870
219 P. S., S. 171
220 25.11.1876, Quelle 8
221 An Vieweg, a. a. O., Quelle 6
222 Göhler II, 12.2.1873, S. 417
223 P. S., Vorwort der Herausgeberin, S. 8
224 Kölnische Zeitung, 13.6.1877
225 Rezension im Cotta-Archiv, Signatur Lewald-Stahr, Fasz. 43, Quelle 2
226 Martina, S. 18 im Zeitschriftenabdruck
227 Ebd., S. 19
228 Ebd., S. 240
229 Reisebriefe... (1880), S. 27
230 Vater und Sohn, S. 214
231 Reisebriefe..., a. a. O., S. 377 ff.
232 G. u. G., S. 289
233 Ferdinand Lassalle: Nachgelassene Briefe und Schriften. Hg. von Gustav
     Mayer. Stuttgart, Berlin 1923–25, Bd. 5, S. 14f., 21.5.1862
234 Ebd., S. 306
235 Petra Wilhelmy: Der Berliner Salon im 19. Jahrhundert (1780–1914). Berlin,
     New York 1989, S. 231
236 Am 1.9.1865 an Jacoby, Quelle 1 (6), Nr. 105
237 Ebd., 30.8.1865, Nr. 104
238 Silberner II, S. 380, 19.6.1866
239 E. u. S., Bd. I, S. 189
240 Ein Winter in Rom, S. 109
241 Teitge, S. 95, 13.4.1867
242 Silberner II, 27.10. u. 5.11.1870, S. 543
243 Stahr: Aus der Jugendzeit, a. a. O., Nachwort zum 20.9.1870, S. 227
244 Deutsche Frauen und gefangene Franzosen, a. a. O.
245 Treue Liebe, S. 14
246 Göhler III/II, S. 11, 3.12.1867
247 Briefe aus Flandern, 1863, S. 486
248 G. u. G., S. 122
249 An Wilhelm Gurlitt, 21.12.1878, Quelle 8
250 Die Frauen und das allgemeine Wahlrecht, S. 102
251 Quelle 2, A: Auerbach, Z 3604/3
252 Am 14.10.1876 an Hermann Althoff, Quelle 1 (5)

253 An Wilhelm Gurlitt, 9.10.1876, Quelle 8
254 Ebd.
255 Ebd.
256 Ebd.
257 Stahrs Testament vom 13.11.1868, Quelle 1 (1), führt keine Zahlen an
258 Silberner II, S. 666
259 Im Text steht fälschlicherweise «31.»
260 Liberaler Politiker, Bürgermeister Berlins und Freund Fanny Lewalds und Adolf Stahrs
261 Göhler III/II, S. 33, 28.1.1870
262 Ebd., S. 140, 11.2.1882
263 Göhler II, S. 427, 23.8.1873
264 Göhler III/II, S. 123, 23.11.1879
265 G. u. G., S. 257, 12.8.1877
266 Ebd., S. 167, 28.9.1871
267 Ebd., S. 271
268 Wandlungen, I, S. 83
269 Vgl. Friedrich von Holstein: Lebensbekenntnis. In Briefen an eine Frau. Berlin 1932, S. 221f.
270 An Berthold Auerbach, 7.4.1881, Quelle 2, A: Auerbach, Z 3604/15
271 Ebd., 26.10.1888, A: Lindau, 59.743
272 Rudolf Göhler: Fanny Lewald und Dresden. Sonntagsbeilage des «Dresdner Anzeigers», Nr. 13, 1911
273 Louis Gurlitt. Ein Künstlerleben des 19. Jahrhunderts. Berlin 1912, S. 469f.
274 Albert Hermann: Gräber berühmter und im öffentlichen Leben bekanntgewordener Personen auf den Wiesbadener Friedhöfen. Wiesbaden 1928, S. 12

Zeittafel

1811 24. März: Fanny wird als ältestes Kind des jüdischen Kaufmanns David Marcus (1787–1846) und seiner Frau Zipora, geb. Assur (1790–1841) in Königsberg geboren. 14. Juni: Brand von Königsberg, dem Haus und Familienunternehmen zum Opfer fallen

1813 Durchzug des napoleonischen Heeres und französische Einquartierung; Geburt des Bruders Otto, später Anwalt in Berlin

1814 Umzug der Familie in den Stadtteil Kneiphof, Brodbänkenstraße 14

1815 Geburt des Bruders Moritz

1816 Geburt der Schwester Clara

1817 1. April: erster Schultag Fannys in der Ulrichschen Privatschule

1818 Geburt des Bruders Heinrich (gest. 1820)

1819 Hep-Hep-Unruhen, Judenverfolgungen in ganz Deutschland, vermitteln Fanny das Bewußtsein sozialen Außenseitertums

1820 Infolge einer Handelskrise Bankrott des Vaters und Umzug in die Vorstadt; Fanny übernimmt die Erziehung der Geschwister während der schweren Erkrankung ihrer Mutter

1821 Geburt der Schwester Minna

1822 Umzug in die Kneiphöfische Langgasse; Geburt der Schwester Elisabeth; beginnender Konflikt zwischen Wunsch nach Bildung und weiblicher Rollenerwartung

1824 September: Ende der Schulzeit nach Auflösung der Schule; Geburt der Schwester Marie

1825 Geburt der jüngsten Schwester Henriette

1827 Im Frühjahr: erste Liebe zu dem Pfarramtskandidaten Leopold Bock

1829 David Marcus untersagt weitere Beziehung zu Leopold; ab Herbst Vorbereitung auf die christliche Taufe

1830 24. Februar: formeller Übertritt Fannys zum protestantischen Glauben; Juli-Revolution in Frankreich und Polenaufstand wecken ihr Interesse am Zeitgeschehen; September: Tod Leopold Bocks

1831 Sommer: die Familie nimmt den Namen Lewald an

1832 Fanny begleitet ihren Vater auf einer Geschäftsreise nach Baden-Baden; persönliche Bekanntschaft mit Ludwig Börne; Teilnahme des Vaters am Hambacher Fest; im Juni Reise nach Breslau mit der Familie des Onkels, Friedrich Lewald; dort Bekanntschaft mit dem Juristen und späteren liberalen Abgeordneten Heinrich Simon; zweite unglückliche Liebesbeziehung

1833 24. März: Rückkehr nach Königsberg nach einjähriger Abwesenheit; Entfremdung von der Familie

1834 Frühjahr: während der Erkrankung einer Schwester erster dichterischer Versuch, *Das Märchen von Frau Balta*, veröffentlicht 1843
1835 David Lewald wird erster jüdischer Stadtrat
1836 Herbst: Fanny widersetzt sich dem Drängen des Vaters nach einer Konvenienzehe; Wunsch nach Selbständigkeit
1839 Abdruck von Briefauszügen Fannys an ihren Vetter August Lewald in der Zeitschrift «Europa». Herbst: zweite Reise Fannys, zu Verwandten nach Berlin; erste Erfahrungen in der Gesellschaft, englischer und französischer Sprachunterricht
1840 Krönung von Friedrich Wilhelm IV.; Beginn der schriftstellerischen Arbeit mit Beschreibung der Huldigungsfeier in Königsberg und Ende der *Leidensjahre*
1841 Erste Erzählungen (*Modernes Märchen*, *Der Stellvertreter*), ab Sommer Arbeit am ersten Roman *Clementine*. 6. Dezember: Tod der Mutter nach langer (Lungen-)Krankheit
1842 Beginn der Arbeit an *Jenny*; psychosomatische Beschwerden
1843 *Clementine* und *Jenny* erscheinen anonym bei Brockhaus. *Einige Gedanken über Mädchenerziehung* und *Andeutungen über die Lage der weiblichen Dienstboten*. Spätherbst: erneuter Aufenthalt in Berlin; nach Aufgabe der Anonymität Zugang zu literarischen Kreisen
1844 Arbeit an *Eine Lebensfrage* und der Auftragsarbeit *Der dritte Stand*. Im Mai Reise nach Breslau, Wiedersehen und Aussöhnung mit Heinrich Simon; nach Kuraufenthalten in Teplitz und Franzensbad im September letzte Rückkehr nach Königsberg
1845 Im Februar: erste Wohnung in Berlin, Markgrafen-/Ecke Kronenstraße am Gendarmenmarkt; im Frühjahr Bekanntschaft und Beginn der Freundschaft mit Therese von Bacheracht; im Juni Abreise nach Italien; Ankunft in Rom am 11. Oktober, Wohnung in der Via dei due Macelli 64; Kontakt zu der deutschen Künstlerkolonie; am 25. November erste Begegnung mit dem Publizisten und Literaturhistoriker Adolf Stahr
1846 Ab Anfang Februar zunächst aussichtslos erscheinende Liebesbeziehung zu Stahr (er ist verheiratet und Vater von fünf Kindern). Nach seiner Abreise (29.4.) im Mai Weiterreise nach Süditalien und Rückkehr nach Berlin im Oktober. Auflösung des Königsberger Haushalts nach dem Tod von David Lewald am 9. Mai; im Spätherbst erstes Wiedersehen mit Adolf Stahr
1847 Im Januar Tod des Bruders Moritz in Tiflis. Erscheinen des ersten Reisetagebuchs, *Italienisches Bilderbuch*, und der gegen Ida Hahn-Hahn gerichteten Satire *Diogena* (unter Pseudonym); im August Beginn einer lebenslangen Freundschaft mit dem liberalen Politiker Johann Jacoby aus Königsberg
1848 Reise nach Paris nach der Februarrevolution; Bekanntschaft mit Heinrich Heine; nach Ausbruch der Märzrevolution Rückkehr nach Berlin (*Erinnerungen aus dem Jahre 1848*); im Herbst Teilnahme an Versammlungen in der Paulskirche, Bekanntschaft mit Franz Liszt und Großherzog Carl Alexander in Weimar, ab Dezember Wohnung in Berlin, Oberwallstraße 5 (bis April 1851)
1849 Im Frühsommer Erscheinen von *Prinz Louis Ferdinand*; Kuraufenthalt in Bad Pyrmont, Arbeit an der Revolutionsnovelle *Auf rother Erde*
1850 Reiseprojekt *England und Schottland* (Mai–August), anschließend Parisaufenthalt zusammen mit Adolf Stahr

1851 Ab Mai Aufenthalt in Weimar und Camsdorf bei Jena, zunächst zusammen mit Stahr. *Dünen- und Berggeschichten*

1852 Im Frühjahr Rückkehr nach Berlin, Wohnung in der Kronenstraße 70, ab September am Leipziger Platz 3; endgültiger Umzug Stahrs nach Berlin und Ende der sechsjährigen Trennung

1853 Häufige Krankheiten während des Frühjahrs, Reaktion auf Stahrs verzögerte Scheidung; Kuraufenthalte bei Swinemünde und in Rudolstadt. Im Herbst Erscheinen von *Wandlungen*

1854 Im März Scheidung Stahrs; August/September Aufenthalt in Helgoland, Arbeit an *Kein Haus*, ab Herbst Warten auf Heiratskonsens

1855 6. Februar: Eheschließung mit Stahr, ab Juli auf Reisen (Breslau, Baden-Baden, Besuch der Weltausstellung und bei Heine in Paris)

1856 Februar: Tod Heines in Paris. Häufige Krankheiten, Sommeraufenthalt in der Schweiz bei Heinrich Simon. *Deutsche Lebensbilder*

1858 Herbstreise nach Oberitalien; nach Beginn der Neuen Ära Sympathie mit liberalen Parteien, Gothaern und Fortschrittspartei

1860 Ab März: Wohnung in der Mathäikirchstraße 18 (später umbenannt in 21); bis Anfang 1885 ständiger Wohnsitz und Schauplatz der Montagabendgesellschaften. 16. August: Tod Heinrich Simons. *Das Mädchen von Hela*

1861 April: Abschluß der Arbeiten an der Autobiographie; *Meine Lebensgeschichte* erscheint in sechs Bänden

1862 Im Sommer schwere Krankheit; Erscheinen von *Bunte Bilder*

1863 Im März schwere Erkrankung, Kuraufenthalt in Schlangenbad. *Osterbriefe für die Frauen*

1865 Im Mai Vollendung des achtbändigen Romans *Von Geschlecht zu Geschlecht*

1866 Preußisch-österreichischer Krieg; erbitterte Gegnerschaft gegen den «Gewaltstaat» Bismarcks. Nach Lungenentzündung im Frühjahr und Kuraufenthalt in Thale im Harz Reise in die französische Schweiz und nach Rom (November 1866–Mai 1867, Via Sistina)

1867 Ab Juni Aufenthalt in der französischen Schweiz. Friedenskongreß in Genf (*Zehn Artikel wider den Krieg*) und Begegnung mit Garibaldi

1868 Im September Rückkehr nach Berlin nach mehr als zweijähriger Abwesenheit

1869 Erscheinen der Reisetagebücher *Ein Winter in Rom, Sommer und Winter am Genfer See*; *Für die Gewerbthätigkeit der Frauen* (*Für und wider die Frauen*), *Nella*. Kur in Karlsbad, auf Helgoland und in Bad Ragaz

1870 *Die Frauen und das allgemeine Wahlrecht*. Im August nationalistischer Aufruf *Deutsche Frauen und gefangene Franzosen*, Einschwenken auf die Politik Bismarcks

1871 Erscheinen der *Gesammelten Werke* in 12 Bänden. Im Sommer Kur in Teplitz, anschließend Aufenthalt in Dresden, Weimar und Friedrichroda

1873 Erscheinen von *Benedikt*. Kuraufenthalt in Baden-Baden

1874 Tod Otto Lewalds

1875 Schwere Lungenentzündung Stahrs, von der er sich nicht mehr erholt. Kur in Bad Liebenstein, Besuch bei Franz Liszt in Weimar; im Oktober 70. Geburtstag Stahrs

1876 Nach vorübergehender Besserung Tod Stahrs am 3. Oktober in Wiesbaden; Beisetzung auf dem Alten Friedhof

1877 Einsamkeit und anfällige Gesundheit nach dem Tod Stahrs. 6. März: Tod

Johann Jacobys in Königsberg; ab Juni längere Reise über Dresden und Bad Ragaz nach Italien; Aufenthalt in Rom, Hotel Molaro, bis Ende April 1878

1878 Im Juli über Bad Ragaz Rückreise nach Berlin, Rückkehr im Oktober nach 17 Monaten Abwesenheit; im November Herzkrankheit

1879 Juli bis September Reise nach Heiligendamm, Kopenhagen, Lübeck und Kiel

1880 Erscheinen der *Reisebriefe aus Deutschland, Italien und Frankreich*; *Vater und Sohn*. Nach Kuraufenthalt in Schlangenbad im Herbst letzte Reise nach Italien; Aufenthalt in Rom zusammen mit Schwester Henriette bis Mai 1881

1881 24. März: 70. Geburtstag; am 29. August Rückkehr nach Berlin

1883 Erscheinen der Reisebriefe *Vom Sund zum Posilipp*

1885 Im Frühjahr letzter Umzug in die Bendlerstraße 21, im Sommer Kur in Bad Ragaz

1886 Im März Tod der Schwester Henriette, im Juli Tod Liszts in Bayreuth. Beendigung der Arbeit am letzten großen Roman *Die Familie Darner*; Erscheinen der *Erinnerungen an Heine*; Kuraufenthalt in Bad Ragaz

1887 *Erinnerungen an Franz Liszt, Erinnerungen an Fürst Hermann von Pückler-Muskau*. Kuraufenthalt in Bad Ragaz

1888 *Josias*; *Zwölf Bilder nach dem Leben*. Schwere Erkrankung Ende des Jahres

1889 Im Februar erneute Erkrankung, asthmatische Herzbeschwerden. Am 9. Juli letzte Reise nach Dresden; am 5. August stirbt Fanny Lewald dort und wird am 9. August in Wiesbaden an der Seite Adolf Stahrs beerdigt.

Zeugnisse

Therese von Bacheracht
Fanny Lewalds Talent ist schlank, sicher und rein, hervorgeschossen aus der stillen Insel des Familienglücks, voll freier Entfaltung der Persönlichkeit, das eigene Leben ausbreitend in die Weiten und Höhen der Objektivität, eine schöne Enthüllung des Verstandes und Herzens, mit feiner Auffassung gepaart. Da ist so gar nichts Blaustrümpfiges, Philisterartiges; da ist nur die mächtige Weiblichkeit, die Anmut des Geistes und des Witzes, ein Talent voll Schönheitslinien, wenn auch der Duft der Phantasie weniger vorherrschend bei ihr als bei anderen Schriftstellerinnen ist. Dafür wird sie nie an irgend einem Gedanken erlahmen; immer wird die Umsicht, die Heiterkeit, die Liebe zum Natürlichen, ja eine wohltuende Leidenschaftslosigkeit vorwalten, immer auch die sittliche Ruhe durch jede Zeile, wie durch jedes mündlich ausgesprochene Wort schimmern.

Rom und Berlin, 1849

Theodor Fontane
Am Donnerstag führte mich Fanny Lewald zu Ball; bei ihrem Schwager Gurlitt war Geburtstag. [...] Ich amüsierte mich recht gut. – Am Sonnabend macht' ich die pflichtschuldigen Visiten; war auch bei der Lewald. Ich wurde nicht vorgelassen. «Fräulein schriebe Briefe, die schnell zur Post müßten.» Im ersten Augenblick machte mich diese Offenheit stutzig; nachdem ich mich von meinem Schreck erholt hatte, fand ich es liebenswürdig. Man darf nun umso eher drauf rechnen willkommen zu sein, wenn man geladen oder vorgelassen wird. Ein kleiner Schriftsteller-Tick verbirgt sich hinter diesem Manöver, doch das schadet nichts.

Brief an Bernhard von Lepel, 13. März 1849

Karl Gutzkow
Die kluge und, soviel man wußte, ziemlich demokratisch gesinnte Fanny Lewald hat einen Roman («Prinz Louis Ferdinand») geschrieben, der ihr die Ehre einbringen wird Mitglied des Treubunds zu werden. [...] Seht da eine Demokratin, eine Jüdin, eine eifrige Verfechterin der Grundsätze ihrer Freunde Simon und Jacoby, seht da eine Märzheldin die mitten im Zeitalter der Barricaden Triumpfpforten für preußische Prinzen baut! Wie wir mit Blumenkränzen unsern Garderegimentern entgegenwallen und sie mit Treubundshuldigungen in den Bahnhöfen empfangen, wenn sie mit demokratenblutgefärbten Bajonetten in ihre Casernen heimziehen, so jauchzen in diesem Buche Männer und Frauen einem Prinzen entgegen der im Grunde nichts für die Menschheit leistete, sich aber als Hohenzoller fühlte! Und eine Demokratin trägt uns hier die schwarzweiße Fahne voran!

Eine Feindin der aristokratischen Literatur! Die berühmte Gegnerin unserer unübertrefflichen Ida!

Augsburger Allgemeine Zeitung, 9. August 1849

Karl August Varnhagen von Ense
Auch von Fräulein Lewald ist ein neues Buch erschienen, «Liebesbriefe», ein Roman, der gute Schilderungen enthält, aber zu leicht ausgeführt ist, auch kann ich den Ansichten, die dabei zum Grunde liegen, keineswegs beistimmen. Uebrigens scheint mir in der Verfasserin selbst eine Unsicherheit, ein Schwanken zu sein, wobei sie als Schriftstellerin nicht füglich gedeihen kann. [...] Sie selber ist nichts weniger als fest, und kann sehr verschiedenartige [Urteile] annehmen, aussprechen und wieder aufgeben.

Brief an Amely Bölte, 10. März 1850

Adolf Stahr
Irren wir nicht, so hat Fanny Lewald noch eine reiche literarische Zukunft. Ein Beweis dafür scheint uns die Vielseitigkeit ihrer Leistungen und der entschiedne Fortschritt, den dieselben aufzeigen. Schon der Umstand, daß sie poetisch produktiv blieb und bleibt in einer Zeit, wo so viele Talente den Muth sinken ließen, zeigt, daß ihre Produktion die Befriedigung einer innern Nothwendigkeit ist. Dazu kommt noch ein anderer sehr wesentlicher Umstand.

Fanny Lewald wird von dem ausschließlich politischen Parteitreiben fast gar nicht innerlich berührt, weil ihre Richtung, ihr Ziel über den politischen Bestrebungen der Gegenwart Deutschlands hinausliegt. Die politische Reform oder Revolution ist ihr nur der Weg, die Brücke zu jenen großen socialen Reformen, deren Nothwendigkeit und Erfolg ihrem Innern eine Wahrheit ist. Hierin sowie in manchem andern, dürfte sie mit George Sand zu vergleichen sein. Nur daß die französische Dichterin noch in dem Boden des katholischen Supranaturalismus und eines Deismus wurzelt, welche die deutsche bereits vollständig überwunden hat.

Deutsche Monatsschrift für Politik, Wissenschaft, Kunst und Leben, 1850

Gottfried Keller
Die Lewald hat einen scharfen Verstand, aber wenig Phantasie und Wärme. Sie läßt uns zu wenig allein in den Verkehr und Haushalt ihrer Personen hineinsehen. Ich möchte sagen, daß es eine angenommene gelehrte Vornehmheit ist, welche sie von einem liebevollen freudigen Ausarbeiten und Ausfüllen ihrer Schriften abhält und sich mehr einer kalten Raisonnement hingeben läßt in flüchtigen Umrissen, welche sie mehr als eine femme spirituelle denn als eine Dichterin erscheinen läßt. [...] Ich wünschte sehnlich, daß die Lewald weniger Bücher, aber die wenigen voller und üppiger schreiben würde. [...] Übrigens achte ich Lewalds Energie und männliche Erfahrungsgabe, so wie ihre Tendenz sehr hoch.

Brief an Hermann Hettner, 29. Mai 1850

Heinrich Simon hat für den Sommer schon das vierbeinige zweigeschlechtige Tintentier: Stahr – Lewald angekündigt.

Brief an Lina Duncker vom 6. Martini 1856

Heinrich Heine
Hören Sie! [...] Ihr Roman hat mich heute die ganze Nacht beschäftigt. Deutschland kommt mir ordentlich fremd vor, daß man ihm wieder so ernsthafte Bücher bieten kann, und über Sie wundere ich mich auch. [...] Daß Sie so mit der Sprache herausgehen, so alles sagen! [...] Und obenein Ihre Ansichten über Ethik und Religion, alles so nackt und blank, nirgends ein Ausweg gelassen! Es hat mir etwas Unheimliches! Dieses unverblümte Hinstellen der eigenen Tendenz, dieses offene Preisgeben der innersten Meinung kann Ihnen einmal teuer zu stehen kommen. Sie müßten durchaus vorsichtiger sein. [...] wie wird es sein, wenn sich Ihre Ansichten einmal ändern? Und ändern können sie sich doch! Wenn dann einer kommen wird und wird Ihnen sagen: Damals hast du so gedacht, und jetzt denkst du so! und Sie haben sich alsdann gar keinen Rückzug freigelassen? Haben Sie daran nie gedacht [...]. Sie haben wirklich nie daran gedacht: wie wird man diese Gesinnung jetzt und nachher beurteilen? [...] Es gibt doch glückliche Naturen, denn dieses feste Insichselbstberuhen ist ein Glück, ein großes Glück.

Gespräch mit Fanny Lewald über «Wandlungen», 15. Oktober 1855

Johann Jacoby
Deine Memoiren hab ich in einem Zuge von Anfang bis zu Ende gelesen, mit stets gleicher Teilnahme, mit ununterbrochener Freude. Man fühlt es jedem Wort an, mit welcher Lust und Liebe, wie Du aus tiefster Seele geschaffen. Naturwahr und kunstvoll zugleich steht das Werk Deinem «Mädchen von Hela» würdig zur Seite, ja meinem Urteil nach darüber. Zieglers Professor hat recht: es ist keine bloße Lebensgeschichte, es ist ein Stück Kulturgeschichte.

Gestern habe ich den 6. Band Deiner Biographie beendet, und nunmehr – da das Ganze vor mir liegt – wünsche ich Dir von Herzen Glück zur Vollendung des kühnen Unternehmens. In der gewissenhaften Schilderung Deiner *individuellen* Entwicklung hast Du zugleich ein getreues Bild der *Zeit*entwicklung gegeben und so die großartige Aufgabe, die Du Dir gestellt, trefflich gelöst. Mir ist das Buch ein hoher Genuß gewesen, und allen, die es ohne vorgefaßte Meinung, mit Verstand lesen, wird es nicht bloß Unterhaltung, sondern reiche Belehrung, Trost und sittliche Stärkung gewähren. [...] Eines nur ist ernstlich zu tadeln: Das letzte Blatt erklärt das Werk für «vorläufig geschlossen». Das *darf* nicht sein! Der Leser, der die Heldin des Buches liebgewonnen, verlangt ihre ferneren Schicksale zu erfahren, und Du hast die Verpflichtung, dies gerechte Verlangen sobald als möglich zu erfüllen.

Briefe an Fanny Lewald, 18. Februar 1861 und 11. Februar 1862

Friedrich Hebbel
Fanny Lewalds Biographie zu lesen angefangen; die erste, die ich nicht zu Ende bringen konnte. Herz- und phantasielos; dabei eine Wichtig-Tuerei sondergleichen. Wenn man das wäre, was die zu sein glaubt! Das Schubartsche Cap-Lied hält sie für ein Schubertsches. Ihre Schulzeugnisse werden mit abgedruckt.

Tagebucheintragung vom 19. November 1862

Gustav Karpeles
Fanny Lewald hatte nämlich viel Verstand, unheimlich viel Verstand, möchte ich sagen, für eine Frau. Sie stammte aus der Stadt der reinen Vernunft, war eine Jüdin von Geburt und durchaus von jenem scharfen nüchternen Denken beherrscht, welches ja wohl das charakteristische Merkmal des ostpreußischen Temperaments ist.

Wenn man die Vernunft sehr richtig als das Vermögen bezeichnet hat, ganze Massen der Verstandeserkenntnisse einem gemeinsamen Gesichtspunkte zu unterwerfen, so muß jeder Kenner der Psyche des Weibes zugestehen, daß dieses Vermögen nicht gerade zuerst im weiblichen Geiste begründet liegt. Die Fähigkeit, rasch zu denken, scharf zu trennen, zu zersetzen und zu combiniren, den Mittelpunkt herauszufinden, Analogien aufzustellen und Unterschiede hervorzuheben, schließlich die letzte Konsequenz zu ziehen – das ist wahrlich nicht der Frauen Element. Fanny Lewald besaß aber gerade diese Eigenschaften des Scharfsinns, der Zähigkeit im Denken wie im Handeln und der Konsequenz. [...] Aber der würde die Schriftstellerin falsch beurteilen, der sie um dieser Eigenschaften willen etwa einen «Verstandesmenschen» nennen würde, d. h. nach modernen Begriffen einen solchen, bei dem das Gefühl bestimmt hinter die Denkthätigkeit zurücktritt. Nein! Neben der Gabe, die Dinge dieser Wirklichkeit scharf aufzufassen und sich überall leicht und schnell zu orientiren, besaß sie auch ein reiches Gemüth, welches sich in entscheidenden Momenten für die erhabensten und edelsten Ideen begeistern konnte. Nur daß sie ihr Gefühl selten oder nie zu Handlungen fortriß, die eine ruhige Prüfung nicht aushalten [...].

Die Gegenwart, 1889

Karl Frenzel
Unser Jahrhundert hat drei große Schriftstellerinnen hervorgebracht: George Sand, George Eliot und Fanny Lewald. Wie verschieden auch das Maß und das Wesen ihres Talentes war, jede von ihnen hat in der Litteratur ihres Volkes und darüber hinaus in der Entwickelung des Geschmacks, der Sitten und Anschauungen einen hervorragenden, weit greifenden Einfluß ausgeübt. [...] An Wärme des Herzens, an plastischer Kraft der Darstellung kann sich Fanny Lewald nicht mit George Eliot, an Beweglichkeit der Phantasie, in der Glut der Leidenschaft und der Fülle wohllautender Sprache nicht mit George Sand vergleichen. Sie hatte von dem Genie nur eine Eigenschaft, den unermüdlichen Fleiß, den Trieb zur Arbeit und zur Fortentwickelung erhalten. Die Kunst rein als Kunst aufzufassen, war ihr versagt, sie sah das Schöne einzig im Gewande des Nützlichen und die letzte Tendenz all' ihrer Schöpfungen ging darauf hinaus, das Nützliche und Verständige anmutig zu lehren.

Erinnerungen und Strömungen, 1890

Gertrud Bäumer
Wir sehen ihr in die Augen – die klugen, ein bißchen kühlen Augen, die beobachten und nichts verraten, wir folgen den Linien dieses gutgeformten, ruhigen Mundes, der so aussieht, als spräche er nur überlegte, sichere Dinge, und den ein Lächeln umspielt, das Wohlwollen, Verbindlichkeit und eine große Selbstgewißheit ausdrückt. Wir lassen uns von den kunstvoll um die Schläfen gezogenen weißen Locken und der umständlichen schwarzen Spitzenhaube, von der lange – sagt man nicht «Barben» – sich majestätisch über die Schulter legen, erzählen, daß

sie einem Menschen gehören, der wichtig genommen wurde, und sich selbst so nahm. Und wir fühlen uns ihr fremd und nahe zugleich.

Es konnte wohl nicht anders sein, als daß die Gedanken, die uns heute noch tragen und stützen, zuerst nur in solchen Menschen, wie Fanny Lewald einer war, den rechten Boden fanden. Robuste, wohl equilibrierte Menschen, gute Mischung von Verstand, Energie und gerade Gefühl genug, um «kräftig leben» zu wollen und, ein Wort, das Fanny Lewald einmal selbst geprägt, einen guten Appetit für alle Geschenke des Schicksals zu haben. Sie war so ein Mensch, in dem eine Generation «zur Vernunft» kommen konnte, in dem neue Ideen unanfechtbar, reif und endgültig, gute und sichere Maximen werden mußten.

Die Frau, Mai 1911

Bibliographie

1. Allgemeine bibliographische Hilfsmittel und Lexika

Allgemeine Deutsche Biographie. Hg. von der Historischen Commission bei der Königlich [Bayrischen] Akademie der Wissenschaften, in 56 Bdn. Leipzig 1875–1912, Bd. 35, S. 406–411

Brinker-Gabler, Gisela: Lexikon deutschsprachiger Schriftstellerinnen 1800–1945. München 1986, S. 198–201

Dick, Jutta/Sassenberg, Marina (Hg.): Jüdische Frauen im 19. und 20. Jahrhundert. Lexikon zu Leben und Werk. Reinbek 1993, S. 244 ff.

2. Verzeichnis der wichtigsten Werke Fanny Lewalds

2.1 Romane

Clementine (anonym). Leipzig 1843, Berlin 1872

Jenny (anonym). 2 Bde. Leipzig 1843, Berlin 1872 u. 1967

Eine Lebensfrage (anonym). Leipzig 1845, Berlin 1872

Diogena. Roman von Iduna Gräfin H… H… Leipzig 1847

Prinz Louis Ferdinand. Ein Zeitbild. 3 Bde. Breslau 1849, Berlin 1859, 1926 u. 1929

Liebesbriefe. Aus dem Leben eines Gefangenen. Braunschweig 1850

Wandlungen. 4 Bde. Braunschweig 1853, Berlin 1864

Adele. Braunschweig 1855, Berlin 1864

Die Kammerjungfer. 2 Bde. Braunschweig 1856, Berlin 1864

Der Seehof. Vorabdruck in: Kölnische Zeitung, Jg. 1857, 3.–28. 7., Buchausgabe Berlin 1859, 1860 u. 1884

Emilie (Eine stille Natur). Vorabdruck in: Hausblätter, Jg. 1857, Bd. 4, S. 1 ff. u. S. 81 ff., Buchausgabe Berlin 1859

Die Reisegefährten. 2 Bde. Berlin 1858 u. 1856

Graf Joachim. Vorabdruck in: Zeitung für Norddeutschland, Jg. 1858, 4. 9.–10. 11., Buchausgabe Berlin 1859

Das Mädchen von Hela. Vorabdruck in: Kölnische Zeitung, Jg. 1859, 27. 4.–18. 6., Buchausgabe Berlin 1860, 1875 u. 1879

Schloß Tannenburg. Berlin 1859

Der letzte seines Stammes. Vorabdruck in: Die Gartenlaube, Jg. 1862, S. 1 ff., Buchausgabe Berlin 1864

Das alte Giebelhaus (Mamsell Philippinens Philipp). Vorabdruck in: Freya, Jg. 1863, S. 1–4 u. Forts., Buchausgabe Berlin 1864

Von Geschlecht zu Geschlecht. 1. Abteilung, Der Freiherr. Vorabdruck in: Kölnische Zeitung, Jg. 1864, 1.1.–31.3., Buchausgabe 3 Bde., Berlin 1864 u. 1871. 2. Abteilung, Der Emporkömling. Vorabdruck in: Kölnische Zeitung, Jg. 1865, 4.2.–24.6., Buchausgabe 5 Bde., Berlin 1866 u. 1871

Nella. Vorabdruck in: Allgemeine Familienzeitung, Stuttgart, Jg. 1869, Nr. 29–40, Buchausgabe Berlin 1870

Die Erlöserin. Vorabdruck in: Deutsche Zeitung, Wien, Jg. 1872, 26.7.ff., u. Deutsche Romanzeitung, Jg. 1872/1873, Bd. 10, Nr. 13 ff., Buchausgabe Berlin 1873

Benedikt. Vorabdruck in: Deutsche Zeitung, Wien, Jg. 1873, 16.10.ff., Deutsche Romanzeitung, Jg. 1874, Bd. 3, S. 33 ff., Buchausgabe Berlin 1874 u. 1883

Benvenuto. Ein Roman aus der Künstlerwelt. 2 Bde. Berlin 1876

Helmar. Vorabdruck in: Über Land und Meer, Jg. 1880, Bd. 43, Nr. 1 ff., Buchausgabe Berlin 1880

Stella. Vorabdruck in: Deutsche Romanbibliothek, Jg. 1883, Bd. 1 u. 2 ff., Buchausgabe Berlin 1883

Die Familie Darner. Vorabdruck in: Deutsche Romanbibliothek, Jg. 1887, Bd. 1 u. 2, Buchausgabe Berlin 1887 u. 1888, Königsberg 1925

2.2 Novellen und Erzählungen

Der dritte Stand. Ein Zeitbild. In: Berliner Kalender für 1845, Leipzig 1845, Berlin 1862

Auf rother Erde. Leipzig 1850, Berlin 1872

Dünen- und Berggeschichten. Vorabdruck in: Cottas Morgenblatt für gebildete Leser, Jg. 1850, Nr. 43–58 u. 107–121, Buchausgabe 2 Bde., Braunschweig 1851

Deutsche Lebensbilder. 4 Bde. Braunschweig 1856, Berlin 1865, darin: Die Hausgenossen (Kölnische Zeitung, Jg. 1854, 12.11.ff.), Das große Loos, Kein Haus, Die Tante (Hausblätter, Jg. 1855, Bd. 1, S. 81 ff.)

Bunte Bilder. Gesammelte Erzählungen und Phantasiestücke. 2 Bde. Berlin 1862, darin: Der Stellvertreter (Europa, Jg. 1842, Bd. 3, S. 417–440), Gräfin Marie (Europa, Jg. 1844, Bd. 2, S. 177 ff.), Der Kunstteufel (Grenzboten, Jg. 1844, 2. Sem., Nr. 23 u. 24), Der Nebel baut Nesterchen (Hausblätter, Jg. 1855, Bd. 3, S. 272 ff.), Tante Renate (Modernes Märchen) (Europa, Jg. 1841, Bd. 2, S. 193–201), Eine alte Firma (Freya, Jg. 1861, S. 27–41), Berliner Kinder (Freya, Jg. 1861, S. 134 ff. u. Forts.), Das lebende Bild (Hausblätter, Jg. 1855, Bd. 2), Der Domherr (Urania auf das Jahr 1848, S. 85 ff.)

Erzählungen I–III. Berlin 1866–1868, darin: Vornehme Welt, Das Mädchen von Oyas (Auf der Düne, Freya, Jg. 1863, S. 232–235), Die Dilettanten (Über Land und Meer, Jg. 1866, Bd. 15, S. 10 f. u. Forts.), Jasch

Villa Riunione. Aus den Erzählungen eines alten Tanzmeisters. 2 Bde. Berlin 1869, darin: Prinzessin Aurora (Kölnische Zeitung, Jg. 1867, 22.7.ff.), Eine traurige Geschichte, Ein Schiff aus Cuba (Die Gartenlaube, Jg. 1866, S. 153–155 u. Forts.), Domenico (Kölnische Zeitung, Jg. 1868, 20.4.ff.)

Die Unzertrennlichen. Pflegeeltern. Zwei Erzählungen. Berlin 1871

Neue Novellen. Berlin 1877, darin: Martina (Westermanns Monatshefte, Jg. 1876/77, Bd. 41, S. 1 ff.), Die Stimme des Blutes (Westermanns Monatshefte, Jg. 1876, Bd. 40, S. 1–59), Ein Freund in der Noth

Zu Weihnachten. Drei Erzählungen. Berlin 1880, darin: Magnetberg (National-Zeitung, Jg. 1879; November u. Forts.), Zum Zeitvertreib (Über Land und Meer,

Jg. 1879, Bd. 41, Nr. 1, S. 2–6 u. Forts.), Doktor Melchior (Westermanns Monatshefte, Jg. 1880, Bd. 48, S. 153–208)

Vater und Sohn. Vorabdruck in: Über Land und Meer, Jg. 1880/81, Bd. 45, Nr. 1, S. 10 ff., Buchausgabe Stuttgart 1881, Stuttgart und Leipzig 1883

Treue Liebe. Vorabdruck in: Über Land und Meer, Jg. 1882, Bd. 47, S. 233 ff. u. Forts., Buchausgabe Dresden und Leipzig 1883

Im Abendroth (Im Abendlicht). Vorabdruck in: Über Land und Meer, Jg. 1883, Bd. 50, S. 533 ff. u. Forts., Buchausgabe Dresden 1885

Josias. Vorabdruck in: Die Gartenlaube, Jg. 1888, S. 125 ff., Buchausgabe Berlin 1888

2.3 Reiseberichte und Memoiren

Italienisches Bilderbuch. 2 Bde. Berlin 1847

Erinnerungen aus dem Jahre 1848. 2 Bde. Braunschweig 1850, Berlin 1969

England und Schottland. Reisetagebuch. 2 Bde. Braunschweig 1851, Berlin 1864

Meine Lebensgeschichte. Vorabdruck in: National-Zeitung, Jg. 1860, 28. 3. u. 1. 4., Buchausgabe Berlin 1861 f., 1871–74

Briefe aus Flandern. In: Otto Jankes Deutsche Wochenschrift, Jg. 1863, S. 355 ff. u. Forts.

Ein Winter in Rom. Von Adolf Stahr und Fanny Lewald. Berlin 1869 u. 1871

Sommer und Winter am Genfer See. Aus dem Tagebuch von Fanny Lewald. Berlin 1869 u. 1872

Reisebriefe aus Deutschland, Italien und Frankreich (1877/1878). Berlin 1880

Vom Sund zum Posilipp. Briefe aus den Jahren 1879–1881. Berlin 1883

Zwölf Bilder nach dem Leben. Berlin 1888, darin u. a.: Zur Erinnerung an Johanna Kinkel (National-Zeitung, Jg. 1858, Dez. u. Forts.), Erinnerungen an Schröder-Devrient (National-Zeitung, Jg. 1860, 17. u. 18. 2.), Hortense Cornu. Erinnerungen (Westermanns Monatshefte, Jg. 1884/85, Bd. 57, S. 25–38), Erinnerungen an Heine (Westermanns Monatshefte, Jg. 1886/87, Bd. 61, S. 121–134 u. Bd. 62, S. 100 ff. u. Forts.), Erinnerungen an Franz Liszt (Deutsche Rundschau, Jg. 1887, Bd. 52, S. 270 ff. u. 370 ff.), Erinnerungen an Fürst Hermann von Pückler-Muskau (Westermanns Monatshefte, Jg. 1887/88, Bd. 63, S. 43 ff. u. Forts.)

2.4 Briefe und Feuilletons

Briefe aus Königsberg (anonym). In: Europa. Chronik der gebildeten Welt, Jg. 1840, Bd. 4, S. 193–205

Andeutungen über die Lage der weiblichen Dienstboten (anonym). In: Archiv für vaterländische Interessen oder Preußische Provinzialblätter. Hg. von O. W. L. Richter. Königsberg, Jg. 1843, S. 421–433

Einige Gedanken über Mädchenerziehung (anonym). In: Preußische Provinzialblätter. Königsberg, Jg. 1843, S. 380–395

Der Cultus des Genius. Briefe an Bettine von Arnim von Fanny Lewald. In: Blätter für literarische Unterhaltung. Jg. 1849, Nr. 171–174, 18. 7. ff.

Für die Frauen. In: National-Zeitung, Jg. 1857, 28. November

Bitte um eine große Weihnachtsbescherung. In: National-Zeitung, Jg. 1858, 18. 12. (betr. die Öffnung von Museen an Sonntagen)

Neun Briefe an meine Freunde. In: Hausblätter, Jg. 1859, Bd. 1, S. 301 ff. u. Forts., Bd. 3, S. 308 ff., Bd. 4, S. 224 ff., Jg. 1860, Bd. 1, S. 392 ff. u. Forts., Bd. 4, S. 46 ff. u. Forts.

Osterbriefe für die Frauen. Vorabdruck in: National-Zeitung, Jg. 1863, 3. 4. ff., Buchausgabe Berlin 1863

Zehn Artikel wider den Krieg. In: Annales du congrès de Genève (9.–12. Sept. 1867), Genf 1868

Für die Gewerbthätigkeit der Frauen. Vorabdruck in: Westermanns Monatshefte, Jg. 1869, Bd. 26, S. 435–444 u. Forts., Buchausgabe Berlin 1870 (Für und wider die Frauen, 12 Briefe)

Briefe aus der Heimat. Deutsche Frauen und gefangene Franzosen. In: Kölnische Zeitung, Jg. 1870, 29. 8.

Die Frauen und das allgemeine Wahlrecht. In: Westermanns Illustrierte Deutsche Monatshefte, XXVIII. 163, 2. Folge, Bd. XII, 67, April 1870, S. 97–103

Theebuden. Eine neue Erinnerung an einen alten Vorschlag. In: National-Zeitung, Jg. 1870, Nr. 65

Briefe aus der Heimat. Das Glaubwürdige in der Kunst. In: Kölnische Zeitung, Jg. 1880, 26. 2.

Der Bazar für das Feierabendhaus in Steglitz. In: National-Zeitung, Jg. 1883, 31. 1.

Reiche Bettler. In: National-Zeitung, Jg. 1886, 6. u. 8. 6.

2.5 Gesamt- und Teilausgaben

Fanny Lewald: Gesammelte Werke in 12 Bänden. Berlin 1871–1875 (Meine Lebensgeschichte, Von Geschlecht zu Geschlecht, Clementine, Auf rother Erde, Jenny, Eine Lebensfrage, Das Mädchen von Hela)

Fanny Lewald: Meine Lebensgeschichte. Hg. v. Gisela Brinker-Gabler. Frankfurt a. M. 1980

Wolf, Gerhard (Hg.): Fanny Lewald – Ein Leben – Realität und Roman. Berlin 1987

Bruyn, Günter de / Wolf, Gerhard (Hg.): Fanny Lewald. Freiheit des Herzens. Lebensgeschichte – Briefe – Erinnerungen. Frankfurt a. M., Berlin 1992

2.6 Neuveröffentlichungen

Helmer, Ulrike (Hg.): Meine Lebensgeschichte. Bd. 1–3, Frankfurt a. M. 1988 f.
–: Jenny. Frankfurt a. M. 1988
–: Für und wider die Frauen. Politische Schriften. Frankfurt a. M. 1989
–: Italienisches Bilderbuch. Frankfurt a. M. 1992

2.7 Postume Veröffentlichungen

Eine Erscheinung. Hinterlassene Erzählung. In: Die Gartenlaube, Jg. 1889, S. 821–827 u. Forts.

Gefühltes und Gedachtes (1838–1888). Hg. von Ludwig Geiger. Dresden und Leipzig 1900

Römisches Tagebuch 1845/46. Hg. von Heinrich Spiero. Leipzig 1927, Vorabdruck unter dem Titel «Lebenserinnerungen von Fanny Lewald. Neues Leben, Neues Lieben. Das Buch Adolf» in: Westermanns Monatshefte, Jg. 1879, Bd. 82, S. 440–454 u. Forts.

The Italians at Home. 2 Bde. London 1848, übers. von Gräfin d'Avigdor

Hulda. The Deliverer. A Romance after the German of Fanny Lewald. Philadelphia 1874, übers. von A. L. Wister

Benvenuto. New York 1882 (German entertaining library), unbek. Übers.

The Aristocratic World. The Maid of Oyas. Stories and Novels from the German of Fanny Lewald. Chicago 1885, unbek. Übers.

3. Briefe

La Mara [Pseud. Marie Lipsius] (Hg.): Briefe hervorragender Zeitgenossen an Franz Liszt. Bd. 1, 1824–1854, Leipzig 1895, Bd. 3, 1836–1886, Leipzig 1904

Göhler, Rudolf (Hg.): Der Briefwechsel von Paul Heyse und Fanny Lewald. In: Deutsche Rundschau (1920), Bd. 183, S. 274–285 u. S. 410–441

Schlözer, Kurt von (Hg.): Amerikanische Briefe. Berlin und Leipzig 1927

Göhler, Rudolf (Hg.): Aus dem Nachlaß von Fanny Lewald und Adolf Stahr. Adolf Stahr und Fanny Lewald an Hermann Hettner. In: Euphorion 31 (1930), S. 176–248

–: Großherzog Carl-Alexander und Fanny Lewald-Stahr in ihren Briefen 1848–1889. 2 Bde. Berlin 1932

Vordtriede, Werner (Hg.): Therese von Bacheracht und Karl Gutzkow. Unveröffentlichte Briefe (1842–1849). München 1971

Silberner, Edmund (Hg.): Johann Jacoby. Briefwechsel. Bd. I, 1816–1849, Hannover 1974, Bd. II, 1850–1877, Bonn 1978

Böttger, Fritz (Hg.): Frauen im Aufbruch; Frauenbriefe aus dem Vormärz und der Revolution von 1848. Berlin 1977

Krüger, Joachim: Fanny Lewalds Bekenntnis zur ‹Weltanschauung der Realität›. In: Fontane Blätter (1979), Bd. 4, H. 4, S. 392–398

Teitge, Hans-Erich (Hg.): Unbekannte Briefe von Fanny Lewald und Adolf Stahr an Johann Jacoby. Aus dem Nachlaß Lewald-Stahr. In: Studien zum Buch- und Bibliothekswesen. Bd. 4, Leipzig 1986, S. 78–101

4. Lebenszeugnisse

Stahr, Adolf: Fanny Lewald. Eine literarische Charakteristik. In: Deutsche Monatsschrift für Politik, Wissenschaft, Kunst und Leben (1850), Bd. II, S. 307–314

Lepel, Bernhard von: Alexander von Sternberg und Fanny Lewald. In: Die deutsche Reform, 26. 5. 1850

Hettner, Hermann: Fanny Lewald. Ein Literaturbild. In: Blätter für litterarische Unterhaltung (1850), S. 1229 ff.

Kühne, Gustav: Fanny Lewald in ihren Romanen. In: Europa (1858), S. 291 ff.

Fontane, Theodor: Fanny Lewald-Stahr. In: Männer der Zeit. Biographisches Lexikon der Gegenwart. Mit einem Supplement: Frauen der Zeit. Leipzig 1862

Spielhagen, Friedrich: Fanny Lewald. In: Die Gartenlaube (1862), S. 661 ff.

Schmidt, Julian: Fanny Lewald. In: Westermanns Monatshefte (1874), Bd. 36, S. 95–108

Geiger, Ludwig: Fanny Lewald. In: Deutsche Dichtung (1889), Bd. 7, S. 74 ff.

Gottschall, Rudolf: Fanny Lewald. In: Nord und Süd (1889), Bd. 50, S. 34 ff.

Frenzel, Karl: Fanny Lewald. In: Erinnerungen und Strömungen. Leipzig 1890, S. 148–161

Karpeles, Gustav: Fanny Lewald. In: Allgemeine Zeitung des Judentums (1890), S. 602–604 u. S. 616–618

Geiger, Ludwig: Fanny Lewald und Adolf Stahr. In: Vossische Zeitung. 14. 6. 1903 (Morgenausgabe)

Göhler, Rudolf: Fanny Lewald und Dresden. In: Sonntagsbeilage des Dresdner Anzeigers 1911, Nr. 13

Vely, Emma: Erinnerungen an Fanny Lewald. In: Berliner Tageblatt Nr. 153, 24. 3. 1911

5. Gesamtdarstellungen

Schlüpmann, Grete: Fanny Lewalds Stellung zur sozialen Frage. Diss. Münster 1920

Weber, Marta: Fanny Lewald. Ihr Leben und ihre Werke. Diss. Zürich, Leipzig 1921

Segerbarth, Ruth: Fanny Lewald und ihre Auffassung von Liebe und Ehe. Diss. München 1922

Steinhauer, Marieluise: Fanny Lewald. Die deutsche George Sand. Diss. Berlin 1932

Rheinberg, Brigitta van: Fanny Lewald. Geschichte einer Emanzipation. Eine historische Biographie unter besonderer Berücksichtigung des Emanzipationsgedankens. Diss. Tübingen 1987; Frankfurt a. M., New York 1990

Schneider, Gabriele: Vom Zeitroman zum «stylisierten» Roman: Die Erzählerin Fanny Lewald. Frankfurt a. M., Berlin, Bern, New York, Paris, Wien 1993

6. Einzeluntersuchungen

Bäumer, Konstanze: Reisen als Moment der Erinnerung. Fanny Lewalds (1811–1889) ‹Lehr- und Wanderjahre›. In: Ruth-Ellen Boetcher-Joeres, Marianne Burkhard (Hg.): Out of Line / Ausgefallen: The Paradox of Marginality in the Writings of Nineteenth-Century German Women. Amsterdam 1989, S. 137–157

Beaton, Kenneth Bruce: Fontanes «Irrungen, Wirrungen», und Fanny Lewalds «Wandlungen». Ein Beitrag zur Motivgeschichte der vom Adel verführten Unschuld aus dem Volke. In: Raabe Jahrbuch (1984), S. 208–224

Boetcher-Joeres, Ruth-Ellen: «Ein Nebel schließt uns ein». Sozialkommentar in den Romanen deutscher Schriftstellerinnen 1830–70. In: Hans Adler (Hg.): Der deutsche soziale Roman des 18. und 19. Jahrhunderts. Darmstadt 1990, S. 318–348

–: Self-Conscious Histories. Biographies of German Women in the 19th Century. In: John C. Fout: German Women in the Nineteenth Century. A social history. New York, London 1984, S. 172–196

Brinker-Gabler, Gisela: Fanny Lewald. In: Hans Jürgen Schulz (Hg.): Porträts aus zwei Jahrhunderten. Stuttgart ⁴1986, S. 72 ff.

Fränkel, Ludwig: Fanny Lewald und das Judenthum. In: Allgemeine Zeitung des Judentums (1901), 65. Jg., S. 103 ff.

Geiger, Ludwig: Vergessene satirische Romane des XIX. Jahrhunderts. In: Zeitschrift für Bücherfreunde (1903/04), Bd. 7, S. 369–377

Gertsch, Max: Frauen im deutschen Schrifttum. Fanny Lewald (1811–1889). In: Der kleine Bund. Bern, 16.11.1962

Goodman, Kay: Die große Kunst nach innen zu weinen. Autobiographien deutscher Frauen im späten 19. und frühen 20. Jahrhundert. In: Wolfgang Paulsen (Hg.): Die Frau als Heldin und Autorin. Bern, München 1979, S. 126–139

–: Dis/Closures: Women's Autobiography in Germany between 1790 and 1914. New York 1986

Gundert, Doris: Keine Zeit für Romantik. Fanny Lewald stritt für die Selbständigkeit der Frauen. In: Deutsche Volkszeitung, 9.12.1983, S. 16

Harder, Agnes: Fanny Lewald. In: Ostdeutsche Monatshefte für Kunst und Geistesleben. Danzig (1931), S. 413 ff. u. 462 ff.

Herz, Sophony: Treitschkes kritische Haltung gegenüber Berthold Auerbach, Rahel Varnhagen und Fanny Lewald. In: Jahrbuch des Instituts für deutsche Geschichte. Tel Aviv, 1, 1972, S. 127–134

Keim, Charlotte: Der Einfluß George Sands auf den deutschen Roman. Diss. Berlin 1924

Keuler, Dorothee: Flügel wuchsen ihr erst spät. In: Kölner Stadtanzeiger (37), 5.8.1989, S. 37

–: Nicht warten auf die passende Partie. Zum 100. Todestag der Schriftstellerin Fanny Lewald. In: Der Tagesspiegel, 6.8.1989, S. IV

Krüger, Joachim: Zu den Beziehungen zwischen Theodor Fontane und Fanny Lewald. Mit unbekannten Dokumenten. In: Fontane Blätter (1979/80), S. 615–628

Lewis, Hanna B.: The Misfits: Jews, Women, Soldiers and Princes in Fanny Lewalds ‹Prinz Louis Ferdinand›. In: Edward R. Haymes (Hg.): Crossings – Kreuzungen. A Festschrift für Helmut Kreuzer. Columbia (USA) 1990, S. 104–114

–: Fanny Lewald and the Revolution of 1848. In: Hannelore Mundt u. a. (Hg.): Horizonte. Festschrift für Herbert Lehnert zum 65. Geburtstag. Tübingen 1990, S. 80–91

Maio, Irene S. di: Reclamation of the French Revolution: Fanny Lewald's literary response of the Nachmärz in «Der Seehof». In: Geist und Gesellschaft. Die deutsche Rezeption der Franz. Revolution. Hg. von Eitel Timm. München 1990, S. 149–164

Maurer, Doris: Nähe nicht – lebe. Zwischen alter Angst und neuem Mut oder: Größe und Grenzen bürgerlicher Frauenfreiheit – eine Erinnerung an Fanny Lewald. In: Die Zeit, 4.8.1989, S. 34

Möhrmann, Renate (Hg.): Die andere Frau. Emanzipationsansätze deutscher Schriftstellerinnen im Vorfeld der '48-Revolution. Stuttgart 1977

–: Frauenemanzipation im deutschen Vormärz. Texte und Dokumente. Stuttgart 1978

–: Die lesende Vormärzautorin. Untersuchungen zur weiblichen Sozialisation. In: Literatur und Sprache im historischen Prozeß. Vorträge des Deutschen Germanistentages 1982. Tübingen 1983

Mortier, Roland: Une romancière spectatrice de la Révolution française de 1848. In: Roger Goffin u. a. (Hg.): Littérature et culture allemande. Hommages à Henri Plard. Brüssel 1985, S. 147–163

Neuhaus-Koch, Ariane: Bettine von Arnim im Dialog mit Rahel Varnhagen, Amalie von Helvig, Fanny Tarnow und Fanny Lewald. In: Gertrude Cepl-Kaufmann u. a. (Hg.): Stets wird die Wahrheit hadern mit dem Schönen. Festschrift für Manfred Windfuhr zum 60. Geburtstag. Köln, Wien 1990, S. 103–118

Pazi, Margarita: Fanny Lewald – das Echo der Revolution von 1848 in ihren Schriften. In: Walter Grab, Julius Schoeps (Hg.): Juden im Vormärz und in der Revolution von 1848. Jahrbuch des Instituts für deutsche Geschichte. Stuttgart, Bonn 1983, S. 233–271

–: Fanny Lewald-Stahr (1811–1889). Eine bruchlose Assimilation? In: Akten des VIII. Internationalen Germanistenkongresses. Begegnungen mit dem Fremden. Bd. 11, München 1991, S. 40–49

–: Fanny Lewald-Stahr. Die sanfte Emanzipation der Frau. In: Jutta Dick, Barbara Hahn (Hg.): Von einer Welt in die andere. Jüdinnen im 19. und 20. Jahrhundert. Wien 1993, S. 109–125

Peine, Sibylle: Eine Emanzipation zur Arbeit. Vor hundert Jahren starb die Schriftstellerin Fanny Lewald. In: Weser-Kurier, 5. 8. 1989, S. 22

Schneider, Gabriele: Fanny Lewald und Heine. Sein Einfluß und seine Bedeutung im Spiegel ihrer Schriften. In: Heine Jahrbuch (1994)

–: Freundschaftsbriefe an einen Gefangenen. Unbekannte Briefe Fanny Lewalds an den liberalen jüdischen Politiker Johann Jacoby. In: Menora. Jahrbuch für deutsch-jüdische Geschichte 1995. München 1995

Stulz-Herrnstadt, Nadja: Fanny Lewald. Bürgerliche Umgestaltung und Frauenemanzipation. In: Gestalten der Bismarckzeit. 2 Bde. Berlin 1986, S. 118–142

Thomalla, Ariane: Der Dienstmägde Elend. Vor hundert Jahren gestorben: Fanny Lewald, Dichterin, Jüdin, Frau. In: Stuttgarter Zeitung, 5. 8. 1989, S. 34

Venske, Regula: Ach Fanny! Vom jüdischen Mädchen zur preussischen Schriftstellerin. Berlin 1988

–: Disciplinierung des unregelmäßig spekulierenden Verstandes. Zur Fanny Lewald Rezeption. In: Alternative 25 (1982), S. 66–70

–: Fanny Lewald – Jüdische Preussin. Preussische Feministin, die deutsche George Sand? In: Ulrike Helmer (Hg.): Fanny Lewald: Meine Lebensgeschichte. Bd. 3, S. 300–314

–: «Ich hätte ein Mann sein müssen oder eines großen Mannes Weib!» – Widersprüche im Emanzipationsverständnis der Fanny Lewald. In: Ilse Bremer u. a. (Hg.): Frauen in der Geschichte IV. «Wissen heißt leben…». Beiträge zur Bildungsgeschichte von Frauen im 18. und 19. Jahrhundert. Düsseldorf 1983, S. 368–396

Ward, Margaret E., Ehe und Entsagung: Fanny Lewald's Early Novels and Goethe's Literary Paternity. In: Women in German Yearbook. Feminist Studies and German Culture (2) 1986, S. 57–77

Wieskerstrauch, Liz: «…einen guten Appetit für alle Geschenke des Schicksals». In: Emma (1983), H. 7, S. 54 ff.

7. Medien

Weber, Annemarie: Liberal, sozial, selbstbewußt. Die jüdische Schriftstellerin Fanny Lewald. Sendung des Rias Berlin (Rias 1) am 8.3.1988, 18.35 Uhr

«Im Vaterhause». Erinnerungen an Fanny Lewald (1) Sendung des Bayerischen Rundfunks am 3.9.1989, 11.00–11.30 Uhr

«Wanderleben». Erinnerungen an Fanny Lewald (2) Sendung des Bayerischen Rundfunks am 10.9.1989, 11.00–11.30 Uhr

Gottschalk, Maren: Zeitzeichen: Geburtstag der Schriftstellerin Fanny Lewald. 24. März 1811, Sendung des Westdeutschen Rundfunks (WDR II) am 24.3.1991, 9.05–9.20 Uhr

Namenregister

Die kursiv gesetzten Zahlen bezeichnen die Abbildungen

Über die Autorin

Gabriele Schneider, geboren 1957, studierte Germanistik und Anglistik an der Universität Düsseldorf. Seit 1988 Mitarbeit an wissenschaftlichen Editionen wie der Düsseldorfer Heine-Ausgabe und Tätigkeit als freie Wissenschaftlerin. Veröffentlichungen über die Literatur des 19. Jahrhunderts, Vormärz und Frauenbewegung.

Quellennachweis der Abbildungen

Schiller-Nationalmuseum, Deutsches Literaturarchiv, Marbach a. N.: 2, 51 oben rechts, 82, 83 (Sign. Cotta Vertr. 4a), 84, 94 (2), 110

Staatsbibliothek zu Berlin, Preußischer Kulturbesitz, Berlin: 6, 11, 52, 54, 87

Archiv für Kunst und Geschichte, Berlin: 12, 23, 51 unten rechts, 101

Aus: Walther Franz: Geschichte der Stadt Königsberg. Königsberg 1934: 13

Mercedes Gurlitt, München: 14, 15 oben (2), 92, 119

Ludwig Gurlitt: Louis Gurlitt. Ein Künsterleben des XIX. Jahrhunderts. Berlin 1912: 15 unten, 62 oben

Aus: Fanny Lewald: Meine Lebensgeschichte. 1. Bd., 2. Abteilung, Im Vaterhause. Berlin 1861: 21

Aus: Fanny Lewald: Jenny. Leipzig 1843: 25

Staatsbibliothek zu Berlin, Nachlaß Lewald-Stahr: 26 (Nr. 1), 29 (Nr. 552), 30 (Nr. 553,8), 43 (Nr. 490), 62 unten (Nr. 4), 63 (Nr. 551), 70 (Nr. 554), 76 (Nr. 518), 79 (Nr. 46), 91, 99 (Nr. 497)

Bildarchiv Preußischer Kulturbesitz, Berlin: 27, 34, 37 rechts, 48, 71, 72, 104/105

Historisches Museum Frankfurt a. M.: 28

Aus: Johann Jacoby: Heinrich Simon. Ein Gedenkbuch für das deutsche Volk. Bd. 1. Berlin ²1965: 32

Edmund Silberner (Hg.): Johann Jacoby. Briefwechsel, Bd. II, 1850–1877. Bonn 1978: 33

Heinrich-Heine-Institut, Düsseldorf: 36, 37 links, 38, 42, 51 oben links, 51 unten links, 53, 78

Edmund Silberner (Hg.): Johann Jacoby. Briefwechsel, Bd. I, 1816–1949. Hannover 1974; 40 (2)

Stiftung Weimarer Klassik/Museen: 49 (Goethe- und Schiller-Archiv), 77 (Goethe-Nationalmuseum; Foto Sigrid Geske)

Rowohlt Archiv: 50 links

Staatliche Museen Preußischer Kulturbesitz, Nationalgalerie, Berlin: 50 rechts (Foto Jörg P. Anders)

Heinz Bluhm (Hg.): Tagebücher und Briefe von und an Ottilie von Goethe. Bd. 3, Tagebücher 1852–1854. Wien 1963: 56

Österreichische Nationalbibliothek, Bildarchiv, Wien: 57, 65

Staats- und Universitätsbibliothek Frankfurt a. M., Schopenhauer-Archiv: 58 links

Fanny Lewald: Römisches Tagebuch 1845/46. Hg. von Heinrich Spiero. Leipzig 1927: 58 rechts, 59, 60, 61, 66

Maria Gurlitt, München: 88
Landschaftsverband Rheinland – Landesbildstelle Rheinland, Düsseldorf: 95
Aus: Die Gartenlaube, Jg. 1889, Bd. 49: 108
Universitäts- und Landesbibliothek Bonn, Handschriftenabteilung, Porträtsamm-
    lung: 125

rowohlts monographien
Begründet von Kurt Kusen-
berg, herausgegeben von
Wolfgang Müller und Uwe
Naumann.

Eine Auswahl:

Alfred Andersch
dargestellt von Bernhard
Jendricke
(395)

Lou Andreas-Salomé
dargestellt von Linde Salber
(463)

Jane Austen
dargestellt von Wolfgang
Martynkewicz
(528)

Simone de Beauvoir
dargestellt von Christiane
Zehl Romero
(260)

Wolfgang Borchert
dargestellt von Peter
Rühmkorf
(058)

Lord Byron
dargestellt von Hartmut
Müller
(297)

Albert Camus
dargestellt von Brigitte
Sändig
(544)

Raymond Chandler
dargestellt von Thomas
Degering
(377)

Charles Dickens
dargestellt von Johann N.
Schmidt
(262

Theodor Fontane
dargestellt von Helmuth
Nürnberger
(145)

Maxim Gorki
dargestellt von Nina
Gourfinkel
(009)

Brüder Grimm
dargestellt von Hermann
Gerstner
(201)

Homer
dargestellt von Herbert
Bannert
(272)

Henrik Ibsen
dargestellt von Gerd E.
Rieger
(295)

James Joyce
dargestellt von Jean Paris
(040)

Stendhal
dargestellt von Michael
Nerlich
(525)

Literatur

rowohlts monographien

4505/6a